COURS RAISONNÉ
DE LANGUE FRANÇAISE

PREMIER DEGRÉ
(Enseignement élémentaire)

Paris. — Typographie Panckoucke, rue des Poitevins, 8 et 14

COURS RAISONNÉ DE LANGUE FRANÇAISE
PREMIER DEGRÉ

PETIT TRAITÉ
DES PARTICIPES
FRANÇAIS

ACCOMPAGNÉ

DE SUJETS DE DEVOIRS ET DE QUESTIONS

A L'USAGE DES ÉLÈVES

PAR

B. JULLIEN

délégué pour l'un des arrondissements de Paris, docteur ès lettres,
licencié ès sciences, secrétaire de la Société des méthodes d'enseignement

PARIS
LIBRAIRIE DE L. HACHETTE ET Cie
RUE PIERRE-SARRAZIN, N° 14
(Près de l'École de médecine)

1853

PETIT TRAITÉ
DES PARTICIPES
FRANÇAIS

ACCOMPAGNÉ

DE SUJETS DE DEVOIRS ET DE QUESTIONS

A L'USAGE DES ÉLÈVES

PAR

B. JULLIEN

délégué pour l'un des arrondissements de Paris, docteur ès lettres
licencié ès sciences, secrétaire de la Société des méthodes d'enseignement

PARIS
LIBRAIRIE DE L. HACHETTE ET Cie
RUE PIERRE-SARRAZIN, No 14
(Près de l'École de médecine)

1853

PETIT TRAITÉ
DES PARTICIPES
FRANÇAIS.

§ 1. DÉFINITION; PARTICIPE PRÉSENT; PARTICIPE PASSÉ.

Le participe est un adjectif appartenant à un verbe, comme *aimant, aimé*, qui se trouvent dans la conjugaison du verbe *aimer; finissant, fini*, qui se trouvent dans celle de *finir*.

Son nom lui vient de ce qu'il participe du verbe et de l'adjectif : il tient du verbe, en ce qu'il en a la signification et le complément : *aimant Dieu, aimé de Dieu*; il tient de l'adjectif, en ce qu'il qualifie une personne ou une chose, c'est-à-dire qu'il en marque la qualité, comme *vieillard honoré, vertu éprouvée*.

On distingue deux sortes de *participes* : le *participe présent*, toujours terminé en *ant*, comme *aimant, charmant, recevant*; et le *participe passé* ou *passif*, terminé en *é, i, u, t* ou *s*, comme *aimé, fini, rendu, écrit, mis*.

1er SUJET.

Un des plus grands seigneurs de France ayant cassé le bras gauche à un sergent, dans le temps qu'il remplissait les fonctions de son office, Louis XII ne l'eut pas plutôt su, qu'il alla lui-même au parlement, portant le même bras en écharpe. La cour suprise de le voir en cet état, et lui ayant demandé quel accident l'obligeait à porter ainsi le bras : « Un mal bien affligeant, répondit-il, une douleur bien cuisante et qui exige un prompt remède. » Il exposa ensuite ce qui était arrivé au sergent, et ajouta : « Puisqu'on fait une pareille violence à des

DÉFINITION DU PARTICIPE.

hommes exécutant les ordres de ma justice, que me servira ce bras qui porte le glaive que Dieu m'a remis en me donnant mon sceptre et ma couronne ? » Parlant de la sorte, ce bon roi obligea le seigneur coupable de réparer, par une satisfaction suffisante, le dommage qu'il avait fait au sergent.

QUESTIONS.

1. Qu'est-ce que *ayant cassé* ?
2. A quoi se rapporte-t-il ?
3. Quel est le participe présent du même verbe ?
4. Qu'est-ce que *portant* ?
5. Qu'est-ce que *surprise* ?
6. Quel est le participe présent du même verbe ?
7. Qu'est-ce que *ayant demandé* ?
8. Quel est le participe présent du même verbe ?
9. Quel est le participe passé simple ou passif ?
10. Qu'est-ce qu'*affligeant* ?
11. Quel est le participe passé simple ?
12. Qu'est-ce que *cuisant* ?
13. Quel est le participe passé passif du même verbe ?
14. Qu'est-ce que *arrivé* ?
15. Quel est le participe présent du même verbe ?
16. Qu'est-ce que *exécutant* ?
17. Quel est le participe passé simple du même verbe ?
18. Qu'est-ce que *donnant* ?
19. Quel est le participe passé simple ?
20. Qu'est-ce que *parlant* ?
21. Ce verbe a-t-il un participe passé simple ?
22. Qu'est-ce que *suffisante* ?
23. Y a-t-il un participe passé simple dans ce verbe ?
24. Qu'est-ce que *fait, faite* ?
25. Quel est le participe présent du même verbe ?

2ᵉ SUJET.

Les Tirynthiens étaient si disposés à la joie et à la gaîté, qu'ils n'étaient plus capables d'aucune affaire sérieuse. Comme ils ne pouvaient plus reprendre leur gravité sur quoi que ce fût, tout

DÉFINITION DU PARTICIPE.

était parmi eux dans le plus grand désordre. Étaient-ils assemblés, tous leurs entretiens roulaient sur des folies, au lieu de s'arrêter sur l'administration publique. S'ils recevaient des ambassadeurs, ceux-ci étaient d'abord tournés en ridicule. S'ils tenaient le conseil de la ville, les avis des plus graves sénateurs n'étaient que des bouffonneries; et, en toutes sortes d'occasions, une parole ou une action raisonnable eût été un prodige chez cette nation. Ils se sentirent enfin fort incommodés de cet esprit de plaisanteries. Étant donc allés consulter l'oracle de Delphes, pour lui demander les moyens de recouvrer un peu de sérieux, ils reçurent cette réponse satisfaisante que, s'ils pouvaient sacrifier un taureau à Neptune sans rire, ils seraient désormais plus posés, plus compassés. Un sacrifice n'est pas une action si plaisante en elle-même : cependant, pour le faire sérieusement, ils y apportèrent bien des précautions. Ils résolurent de n'y point recevoir de jeunes gens, mais des vieillards, et non pas encore toute sorte de vieillards, mais seulement ceux qui avaient ou des infirmités, ou beaucoup de dettes, ou des femmes fâcheuses et incommodes. Quand toutes ces personnes choisies furent sur le bord de la mer, pour immoler la victime, on les vit encore composant leur air, baissant les yeux, et se mordant les lèvres. Jusque-là, cependant, tout allait le mieux du monde; mais par malheur il se trouva là un enfant qui s'y était glissé. On voulut le chasser, et il cria : « Quoi! avez-vous peur que j'avale votre taureau ? » Cette sottise déconcerta toutes ces gravités contrefaites : l'habitude triompha de la résolution; on éclata de rire; le sacrifice fut troublé, et la raison ne revint point aux Tirynthiens.

QUESTIONS.

1. Qu'est-ce que *disposés* ?
2. Qu'est-ce que *assemblées* ?
3. Quels sont les participes présents des verbes *disposer* et *assembler* ?
4. Qu'est-ce que *tournés* ?
5. A quoi se rapporte-t-il ?
6. Qu'est-ce qu'*incommodés* ?
7. A quoi se rapporte ce participe ?
8. Qu'est-ce que *étant allés* ?
9. Quel est le participe présent du même verbe ?
10. Qu'est-ce que *satisfaisante* ?

DÉFINITION DU PARTICIPE.

11. Quel est le participe passif du même verbe?
12. Qu'est-ce que *posés*, *compassés*?
13. Quels sont les participes présents des mêmes verbes?
14. Comment se fait-il que ces participes *posés*, *compassés* soient accompagnés du mot *plus*, signe du comparatif?
15. Qu'est-ce que *plaisant*, *te*?
16. Pourquoi ce participe est-il ici au féminin?
17. Qu'est-ce que *composant*, *baissant*, *mordant*?
18. Comment se fait-il que ces mots aient des compléments directs ou indirects?
19. Qu'est-ce que *contrefaites*?
20. Quel est le participe présent du même verbe?

---

§ 2. PARTICIPE PRÉSENT. — RÈGLE GÉNÉRALE.

Le participe présent était autrefois toujours variable. C'était un adjectif s'accordant en genre et en nombre avec son substantif. Depuis le milieu du XVIIe siècle, on a établi une règle qui est généralement observée, quoique dans quelques cas on revienne encore à la règle ancienne.

Voici cette règle :

Quand le participe exprime une action présente ou déterminée à un certain temps, par analogie avec le verbe dont il retient alors toute la signification et qui ne varie pas selon les genres, on le conserve invariable.

Si, au contraire, il exprime un acte ou un état habituel, par analogie avec l'adjectif, dont il a tous les caractères, on le fait varier en genre et en nombre.

Dans ce dernier cas, on l'appelle souvent *adjectif verbal*. Mais le nom n'indique rien par lui-même, puisque tout participe est de sa nature un adjectif faisant partie d'un verbe.

PARTICIPE PRÉSENT.

Si le participe est suivi d'un complément, on lui donne la forme invariable :

Une femme *lisant* un livre.
Les ombres *tombant* des montagnes.
Une reine *portant* sur son visage la majesté de tant de rois, *conservant* dans son cœur l'humilité du Fils de Dieu.
Des bataillons armés *combattant* dans les nues.

Cependant quelques participes, comme *appartenant, approchant, dépendant, descendant, existant, participant, pleurant, gémissant, prétendant, résidant, ressemblant, résultant, séant, subsistant, tendant*, qui peuvent rester invariables, comme dans ces exemples :

Une ville *appartenant* aux Anglais ;
Des enfants *approchant* de l'adolescence ;
Une propriété *dépendant* d'une autre ;
Des gens *participant* à une mauvaise action ;
Plusieurs hommes *prétendant* à cette place ;
La pauvreté *pleurant* et *gémissant* à leur porte ;
Des princes *résidant* dans la capitale ;
Une figure *ressemblant* trait pour trait à l'original ;
Une union *résultant* de la nature des choses ;
La cour *séant* à Paris ;
Ces peuples ne *subsistant* que de brigandage ;
Des discours *tendant* à la révolte ;

prennent aussi quelquefois la forme variable, comme on le voit dans les exemples suivants tirés de nos meilleurs écrivains :

Une ville *appartenante* aux Hollandais ;
Quelques officiers *appartenants* aux premières familles d'Athènes ;
Les Juifs apprirent la langue chaldaïque fort *approchante* de de la leur ;
Pise, ville dépeuplée *dépendante* de la Toscane ;
Il obtint la main de Memmia, *descendante* de Catulus ;
Des créatures immortelles *participantes* de la divinité ;
Ces deux princes *prétendants* à la couronne ;

La pauvreté *pleurante* et *gémissante* à leur porte;
L'armée suisse *résidante* en France;
Quelques-uns de ces animaux *ressemblants* à l'homme;
Les grands avantages politiques *résultants* d'un hymen entre les Troyens et les Carthaginois;
Tous les seigneurs de la cour *séants* dans le parlement;
Des peuples ne *subsistants* que de brigandage;
Des principes immoraux *tendants* à détruire les liens de la société.

Mais il vaut mieux suivre la règle générale et laisser les écrivains revenir à la règle ancienne, sans les imiter dans les circonstances ordinaires.

Le participe, même sans complément, est encore invariable, s'il exprime une action présente, et non un état habituel :

Une femme *chantant*.
Des élèves *travaillant*.
L'autre esquive le coup, et l'assiette *volant*
S'en va frapper le mur.

Il y a enfin des verbes dont le sens est si bien celui d'une action présente, que leur participe reste toujours invariable, quoiqu'il ne prenne pas de complément, tels sont : *accourant, repartant, détalant*.

3ᵉ SUJET.

L'empereur Conrad II, allant à Mayence pour s'y faire sacrer, trois particuliers se jettent à ses pieds, le prient de leur faire raison de quelques dommages qu'ils avaient essuyés de la part de leurs ennemis. Conrad, touché de leurs discours suppliants, s'arrêta pour écouter leurs plaintes; mais ce retard paraissant contrarier ceux qui l'accompagnaient, il se retourna vers eux : « Je ne suis chargé de gouverner l'empire, leur dit-il, que pour rendre la justice; mon devoir est de ne point la différer quand je vois quelques-uns de mes sujets implorant mon aide : par où puis-je mieux commencer mon règne que par un acte d'équité? »

QUESTIONS.

1. Qu'est-ce que *allant*?
2. Est-il variable ici?
3. Qu'est-ce que *jetant*?
4. Est-il variable ici?
5. Qu'est-ce que *suppliants*?
6. Pourquoi est-il variable ici?
7. Faites entrer le même participe dans une phrase où il serait invariable.
8. Qu'est-ce que *paraissant*?
9. Qu'est-ce que *implorant*?
10. *Paraissant* et *implorant* sont-ils variables?

4ᵉ SUJET.

Écrivez les participes présents de tous les verbes dont es infinitifs sont ici en italique.

Charles-Quint, *aller* voir le cloître des Dominicains, à Vienne en Autriche, rencontra sur son chemin un paysan *porter* un cochon de lait qui, par ses cris, incommodait beaucoup l'empereur. Ce prince, ne *pouvoir* plus les souffrir, dit enfin au rustique: « Mon ami, n'as-tu jamais appris à faire taire un cochon? » Ce pauvre homme lui répondit ingénument qu'il n'en savait pas le moyen, et qu'il serait charmé de l'apprendre. L'empereur lui dit: « Prends-le par la queue, et tu verras qu'il ne criera plus. » Le paysan, *voir* qu'il avait raison: « Ma foi! monsieur, lui dit-il, je vous reconnais comme *avoir* fait mon métier plus longtemps que moi, puisque vous l'entendez mieux. » Ce trait *plaire* fit rire l'empereur et tous ceux de sa suite.

5ᵉ SUJET.

M. de la Feuillade, assiégeant Turin, avait fort peu de succès. Le maréchal de Vauban, brûlant du désir de combattre pour sa patrie, offrit au général de servir sous lui en qualité de volontaire. La Feuillade, admirant peut-être le dévouement de Vauban, mais craignant aussi qu'il ne lui ravît la gloire du siége, refusa ses services. Louis XIV voyant, plus tard, que le siége n'avançait point, consulta Vauban, lequel offrit encore d'aller conduire les travaux : « Mais, monsieur le maréchal, lui dit le roi, songez-vous que cet emploi est au-dessous de votre dignité? — Sire, répondit Vauban, ma dignité est de servir l'Etat. En laissant le bâton de maréchal à la porte, j'aiderai peut-être le duc de la Feuillade à prendre la ville. »

QUESTIONS.

1. Si au lieu de *M. de la Feuillade*, il y avait *MM. de la Feuillade*, comment s'écrirait *assiégeant*?
2. Comment écrirait-on les *assiégeants*?
3. Comment s'écrirait *brûlant* s'il y avait à la fois plusieurs *Vauban*?
4. Serait-il encore invariable, si on appliquait ce mot à des vins, à des liqueurs?
5. Pourquoi cette différence?
6. Comment écrirait-on *admirant, craignant*, s'il y avait *les généraux admirant, les généraux craignant*?
7. Comment s'écrirait *voyant* si au lieu de *Louis XIV*, il y avait *les ministres voyant...*?
8. Comment doit s'écrire *laissant*?

---

§ 3. PARTICIPE PRÉSENT AVEC NÉGATION, ADVERBE, PRÉPOSITION.

On remarque que la négation *ne* et quelques autres mots placés devant un participe, lui donnent toujours cette signification actuelle et précise qui le rend invariable :

Des animaux *ne vivant* plus.
Une personne *ne grondant* jamais.

Il en est de même des adverbes ou locutions adverbiales qui restreignent l'idée du verbe à un moment ou un lieu déterminé, comme *encore, toujours, égale-*

ment, constamment, partout, sans cesse, longtemps, au loin, etc.

Télémaque arrose de liqueurs parfumées ses cendres *fumant encore*.
Cette fille *dormant toujours*.
Une pauvre vieille *mendiant partout*.
Une pâture *renaissant continuellement*.

La préposition *en*, placée devant le participe, lui donne le sens d'une action présente, et le rend aussi invariable.

Les élèves s'instruisent *en lisant*.
L'autre esquive le coup, et l'assiette volant
S'en va frapper le mur et revient *en roulant*.
Elle ne parle qu'*en tremblant*.
Elle dit la vérité *en riant*.

Le participe présent précédé de la préposition *en* est ce qu'on appelle *gérondif*[1] : aussi dit-on que le gérondif est toujours invariable.

6e SUJET.

Un capucin à pied faisait ses missions avec autant de succès que de désintéressement. En arrivant un jour auprès d'un ruisseau, il rencontra sur le bord un paysan, et celui-ci, en le voyant si pauvrement vêtu, ne le jugeant pas doué de beaucoup d'esprit, voulut le traiter comme un âne. Il eut l'effronterie de lui demander qu'il le portât sur son dos à l'autre bord. Le capucin ne se méprenant pas sur l'intention moqueuse de cet homme, mais dissimulant son indignation, lui répondit en souriant qu'il le porterait volontiers ; alors il le chargea sur ses épaules, et commença à traverser le ruisseau en ayant de l'eau jusqu'aux genoux. Lorsqu'il eut fait quelques pas, il demanda au paysan s'il avait de l'argent sur lui. Celui-ci, croyant qu'il parlait par intérêt, touché d'ailleurs de sa complaisance, lui répondit qu'oui, et qu'il le payerait bien. Aussitôt le capucin :
« Ah ! mon ami, lui dit-il, en le jetant dans l'eau, que ne m'en

---
[1]. Lhomond, § 43.

préveniez-vous? Notre règle nous défend de porter de l'argent sur nous. » Et le laissant ainsi se relever tout seul, il continua tranquillement sa route.

QUESTIONS.

1. Qu'est-ce que *en arrivant?*
2. Ce mot est-il variable ici ?
3. Qu'est-ce que *en le voyant?*
4. Qu'est-ce que *jugeant?*
5. Est-il variable ici?
6. Qu'est-ce que *se méprenant?*
7. Est-il variable ici ?
8. Qu'est-ce que *dissimulant?*
9. Est-il variable ?
10. Qu'est-ce que *en souriant?*
11. Qu'est-ce que *croyant?*
12. Est-il variable ?
13. Qu'est-ce que *en jetant?*
14. Qu'est-ce que *laissant?*
15. Est-il variable ?

7e SUJET.

Pescennius Niger ayant été proclamé empereur, un courtisan voulut réciter devant lui son panégyrique ; mais le prince n'y consentant pas, lui dit : « Faites, si vous voulez, l'éloge de Scipion, de Marius, ou de quelqu'autre ancien capitaine, en vous écoutant, en admirant leurs grandes actions, on ne pourra que les imiter, et l'on vous remerciera de vos conseils ; mais souvenez-vous qu'en louant les vivants, on a toujours l'air d'attendre d'eux une récompense ; qu'en célébrant surtout les empereurs, qu'on n'oserait pas blâmer s'ils faisaient mal, on semble s'en moquer, et les prendre pour des sots. »

QUESTIONS.

1. Qu'est-ce que *ayant?*
2. Est-il variable ici?
3. Qu'est-ce que *consentant?*
4. Est-il variable?

5. Qu'est-ce que *écoutant?*
6. Qu'est-ce que *admirant?*
7. Ces mots sont-ils variables?
8. Qu'est-ce que *en célébrant?*
9. Pourquoi *vivants* prend-il la marque du pluriel dans les *vivants?*
10. Faites une phrase où *vivant* au pluriel ne prendrait pas l'*s*.

8ᵉ SUJET.

Écrivez correctement les participes présents des verbes dont les infinitifs sont ici en italique.

Louis XIV se *promener* dans les jardins de Versailles entre Mansard et Le Nôtre, et *regarder* tantôt la façade du château, tantôt la disposition du grand parterre : « Il faut en convenir, leur dit-il, on ne saurait, en *parcourir* même toute l'Europe, rien trouver de mieux que ce que vous avez fait : tout cela est admirable. » Mansard, naturellement fier et *se réjouir* de sa faveur, goûtait toute la douceur d'une pareille approbation, lorsque Le Nôtre répondit, avec autant d'esprit que de modestie : « Il y a, sire, quelque chose encore de plus admirable. — Quelque chose de plus admirable ! dit le roi surpris. — Oui, sire ; c'est de voir le plus grand roi du monde *s'entretenir* avec tant de bonté avec son maçon et son jardinier.

---

§ 4. PARTICIPE PRÉSENT DISTINCT DE L'ADJECTIF DE MÊME SON.

Plusieurs verbes admettent une orthographe différente, selon qu'on veut prendre pour leur participe présent la forme invariable ou la forme variable.

Ainsi on écrit au participe pris dans le sens actuel, *extravaguant, fatiguant, intriguant,* et au participe pris dans le sens habituel, c'est-à-dire à l'adjectif verbal, *extravagant, fatigant, intrigant.*

On écrit de même *fabriquant, vaquant* pour le sens actuel, et pour le sens habituel, *fabricant, vacant.*

Quelquefois aussi c'est la voyelle qui change. *Adhérant, affluant, différant, excellant,* etc., sont les participes actuels d'*adhérer, affluer, différer, exceller,* etc., *adhérent, affluent, différent, excellent,* etc., en sont exclusivement les participes dans le sens habituel; aussi les regarde-t-on comme de purs adjectifs.

9e SUJET.

N'est-ce pas en extravaguant sans cesse dans ses discours ou dans ses actions qu'on passe à juste titre pour un extravagant; comme c'est en fabriquant les objets de son commerce qu'un fabricant justifie son nom?

Après la mort de Henri IV, le duc de Sully, son confident et son ministre, se retira dans sa maison de Villebon, au Perche, où vaquant aux travaux de l'agriculture, il ne regrettait pas d'avoir laissé son hôtel de Paris vacant. Ayant été invité, comme l'un des plus anciens officiers de la couronne, à se trouver à un conseil, pour y donner son avis, il y parut avec son épaisse barbe, un habit et des airs passés de mode. Il s'aperçut bientôt que les jeunes seigneurs de la nouvelle cour, différant de lui dans leur costume et dans leurs manières, cherchaient, à cause de ces modes différentes, à lui donner des ridicules. Cette impolitesse était fatigante; aussi, Sully s'en fatiguant, dit au roi Louis XIII, en entrant dans son cabinet : « Sire, quand le roi votre père, de glorieuse mémoire, me faisait l'honneur de me consulter, nous ne commencions pas à parler d'affaires qu'au préalable on n'eût fait passer dans l'antichambre les baladins et bouffons de cour. » Je ne sais si parmi les jeunes évaporés qu'il critiquait on en eût trouvé beaucoup adhérant à cette parole du vieux duc; mais je ne doute pas qu'il n'eût eu bien des adhérents dans une assemblée de sages.

QUESTIONS.

1. Expliquez l'orthographe des deux mots *extravaguant* et *extravagant.*

2. Expliquez la différence des deux mots *fabriquant* et *fabricant*.
3. Expliquez la différente orthographe de *vaquant* et *vacant*.
4. Expliquez les deux orthographes des mots *différant* et *différentes*.
5. Expliquez la différente orthographe des mots *fatigante* et *se fatiguant*.
6. Expliquez la différente orthographe des mots *adhérant* et *adhérents*.

§ 5. PARTICIPE PASSÉ AVEC UN NOM OU AVEC LE VERBE *ÊTRE*.

Le participe passé avec un nom auquel il se rapporte, s'accorde toujours avec lui en genre et en nombre : un *tiroir ouvert*, des *tiroirs ouverts*; une *porte ouverte*, des *portes ouvertes*.

Si on conjugue avec le verbe *être* le participe passif d'un verbe transitif direct, *je suis pris, tu es pris, il est pris*, etc., *je suis frappé, tu es frappé, il est frappé*, etc., on formera une conjugaison qu'on appelle *passive*, et les verbes ainsi conjugués sont des *verbes passifs*.

Il y a des verbes intransitifs qui se conjuguent, dans leurs temps composés, avec l'auxiliaire *être*, comme *venir, arriver, tomber*.

Ces verbes sont, en français, au nombre d'environ quarante; en voici les principaux :

Aller : Je *suis allé*, tu *es allé*, etc.
Arriver : Un grand malheur *est arrivé*.
Atterrir (prendre terre) : A peine le vaisseau était-il *atterri*.
Avorter : Ce projet est *avorté*.
Décéder : Mon frère est *décédé* l'an dernier.

Déchoir : Elles sont bien *déchues* de leurs espérances.
Décroître : La rivière *est* bien *décrue*.
Devenir : Que *sont devenues* vos promesses?
Disconvenir : Il n'en est pas *disconvenu*.
Ébouler : Cette pile *est éboulée*.
Échoir : Ce billet *est échu* du 15 mars.
Éclore : Ces fleurs *sont écloses*.
Écouler : Quand l'eau *sera écoulée*.
Émaner : De qui *sont émanées* ces lettres?
Entrer : J'*étais entré* dans la ville; ce sont de ces choses qui ne *sont* jamais *entrées* dans l'esprit.
Épier, en parlant des blés, monter en épis : Ces blés *sont épiés*.
Intervenir : Beaucoup d'incidents *sont intervenus* dans cette affaire.
Mourir : Jésus-Christ *est mort* pour tous les hommes.
Naître : Il *est né* sous une heureuse étoile.
Partir : Il *serait parti* aujourd'hui sans une affaire qui lui est survenue.
Parvenir : Il *est parvenu* au sommet des Alpes.
Prédécéder, terme de pratique : L'époux *prédécédé*; celui qui est mort avant l'autre.
Provenir : D'où *est provenue* sa disgrâce?
Rabougrir : Un jeune plant tout *rabougri*; des arbres *rabougris*.
Rancir, devenir rance : Du lard à moitié *ranci*.
Redevenir, participe *redevenu, ue*.
Repartir, dans le sens de partir une seconde fois : Il *est reparti*. — *Repartir*, dans le sens de faire une repartie, prend le verbe *avoir* : Il lui *a reparti* vivement. — *Répartir*, signifiant partager, prend aussi le verbe *avoir* : Nous *avons réparti* le butin.
Ressortir, dans le sens de sortir de nouveau : Il *est ressorti*.
Retomber : On le croyait hors de danger, il *est retombé*.
Retourner : Il *est retourné* en son pays. — Dans le sens transitif, *retourner quelque chose* prend évidemment le verbe *avoir* : Je l'ai *tourné* et *retourné* en tout sens.
Revenir : Il *est revenu* sur ses pas.
Survenir : Il *est survenu* un orage.
Tomber : La foudre *est tombée* sur cette maison.
Venir : Quand la bise *fut venue*.

Il y a enfin des verbes qui prennent les deux auxiliaires *être* et *avoir*, quelquefois dans le même sens, quelquefois dans un sens un peu différent. En voici quelques-uns.

Aborder : Ils ont abordé ou *sont abordés*.
Accourir : Elles ont *accouru*, elles *sont accourues*.
Apparaître : Elles m'ont *apparu* ; elles me *sont apparues*.
Baisser : La rivière *a* bien *baissé* ou *est* bien *baissée* depuis hier.
Cesser : Les oracles *ont cessé* ou *sont cessés*.
Contrevenir : Il a ou il *est contrevenu* à nos ordres.
Croître : La rivière *a crû* ou *est crue* depuis huit jours.
Dégénérer : Ils *ont* bien *dégénéré* ou *sont* bien *dégénérés* de leurs ancêtres.
Demeurer : Elle *a demeuré* ou *est demeurée* ici pendant plusieurs années.
Descendre : Il *a descendu* ou *est descendu* tout de suite.
Disparu : Ces feux *ont disparu* ou *sont disparus* tout à coup.
Expirer : Il *a expiré* dans nos bras ; les délais *sont expirés*.
Grandir : Il *a* bien *grandi* ou *est* bien *grandi* depuis que je ne l'ai vu.
Monter : Il *a monté* ou *est monté* dans sa chambre.
Passer : Le cortége *a passé* par cette rue ; il y a déjà une heure qu'il *est passé*.
Périr : Ils *ont péri* ou *sont péris* presque à la vue du port.
Rester : Il *a* ou il *est resté* dans la ville.
Résoudre : Je l'ai *résolu* ; j'y *suis résolu*.
Résulter : Il n'en *a* ou il n'en *est résulté* rien de fâcheux.
Vieillir : Il *a* bien *vieilli* ou il *est* bien *vieilli* depuis les derniers événements.

Rien de plus simple dans tous les cas que l'orthographe des temps composés de ces verbes.

Avec le verbe *avoir* on met la forme invariable.

Avec le verbe *être*, nous savons que le participe est un pur adjectif qui s'accorde en genre et en nombre avec le sujet auquel il se rapporte. Il n'y a donc aucune difficulté jusqu'ici sur la syntaxe des participes.

10e SUJET.

Le célèbre Lysandre, général de Lacédémone, avait porté ses regards sur le trône; mais la mort avait renversé ses projets ambitieux, et la conjuration formée contre les deux souverains qui régnaient à Sparte, était restée dans un profond secret. Elle fut découverte par une espèce de hasard. Sur quelques affaires qui regardaient le gouverneur, on eut soin d'aller consulter les mémoires laissés par Lysandre, et Agésilas se transporta dans sa maison. En parcourant ses papiers, il tomba sur le cahier où l'on avait transcrit la harangue préparée par l'orateur Éléon, sur la nouvelle manière de procéder à l'élection des rois. Le roi, frappé de cette lecture, quitta tout, et sortit brusquement pour aller communiquer cette harangue au peuple, et leur faire voir quel homme c'était que Lysandre, et combien on s'était trompé à son égard. Mais Lucratidas, homme sage et prudent, et qui était président des éphores, le retint en lui disant « qu'il ne fallait pas déterrer Lysandre, mais enterrer avec lui sa harangue, comme une pièce très-dangereuse par le grand art avec lequel elle était composée. » Agésilas le crut; et la harangue demeura ensevelie dans le silence et dans l'oubli.

QUESTIONS.

1. Comment doit être écrit *porté?*
2. Comment s'écrit *renversé?*
3. Comment s'écrit *formée?*
4. Comment s'écrit *restée?*
5. Comment s'écrit *laissés?*
6. Comment s'écrit *transcrit?*
7. Comment s'écrit *préparée?*
8. Comment s'écrit *frappé?*
9. Comment s'écrit *composée?*
10. Comment s'écrit *ensevelie?*

11e SUJET.

Relevez tous les participes passés contenus dans ce sujet, et expliquez-en l'orthographe.

Si le chevreuil a moins de noblesse, de force et beaucoup moins de hauteur de taille, il a plus de grâce, plus de vivacité et même plus de courage que le cerf. Il est plus gai, plus leste, plus éveillé. Sa forme est plus arrondie, plus élégante, et sa figure plus agréable. Ses yeux surtout sont plus beaux, plus brillants et paraissent animés d'un sentiment plus vif.... Sa robe est toujours propre, son poil net et lustré. Il ne se roule pas dans la fange comme le cerf ; il ne se plaît que dans les pays les plus élevés, les plus secs, où l'air est le plus pur. Il est encore plus rusé, plus adroit à se dérober, plus difficile à suivre. Il a plus de finesse, plus de ressources, d'instinct. (BUFFON.)

12e SUJET.

Henri IV avait accordé au crédit et aux prières du maréchal de Bois-Dauphin la grâce d'un gentilhomme nommé Berthaut, qui avait été condamné par arrêt du parlement à perdre la tête. La cour, étant avertie que le coupable devait être arraché au supplice, députa le président de Thou, pour remontrer au roi de quelle conséquence il était que l'arrêt fût exécuté. La remontrance du président fut faite devant le maréchal même. Le monarque, touché des raisons dont se servit de Thou et des prières de Bois-Dauphin, parut d'abord embarrassé ; puis, s'adressant à ce dernier : « Monsieur de Bois-Dauphin, lui dit-il, n'est-ce pas l'amitié que vous avez pour Berthaut qui vous détermine à me parler en sa faveur ? — Oui, sire, lui répondit le maréchal. — Mais ne puis-je pas croire que vous avez pour moi autant d'amitié que pour lui ? — Ah ! sire, quelle comparaison ! répliqua Bois-Dauphin. — Eh bien, continua le prince, laissons donc à la justice son libre cours, puisqu'en sauvant Berthaut vous me faites perdre mon âme et mon honneur. Je n'offense déjà Dieu que trop souvent, sans ajouter ce péché aux autres. » L'arrêt fut exécuté, et Berthaut eut la tête tranchée.

QUESTIONS.

1. Comment s'écrit *accordé*?
2. Comment doit s'écrire *nommé*?
3. Comment doit s'écrire *condamné*?
4. Comment doit être écrit *avertie*?
5. Comment doit s'écrire *exécuté*?

6. Pourquoi y a-t-il *fut faite*, et non *fut fait?*
7. Comment doit s'écrire *touché?*
8. Comment doit s'écrire *embarrassé?*
9. Comment doit s'écrire *exécuté* à la fin de cette narration?
10. Comment doit être écrit *tranchée?*

13ᵉ SUJET.

Relevez tous les participes passifs contenus dans ce sujet et expliquez-en l'orthographe.

Jésus-Christ prédit à ses disciples, avec sa propre mort, celle qui leur était réservée à eux-mêmes. Ils vous feront, dit-il, toutes sortes de calomnies et d'outrages à cause de mon nom. Vous serez odieux à toute la terre; ils croiront faire un sacrifice à Dieu en vous égorgeant. Puis il ajouta, pour relever le courage des siens ; Ne craignez pas ceux qui ne peuvent tuer que le corps.— Hé! que faut-il donc craindre, ô Sauveur? Quoi! les maîtres de l'univers, qui, d'une seule parole ou d'un seul regard, font trembler le reste des hommes, ne méritent-ils pas d'être craints? — Non, non, ils ne sont redoutables qu'autant qu'ils tiennent le glaive de Dieu contre les méchants ; et c'est Dieu seul qu'il faut craindre en eux. Hors de là, leur puissance n'est que faiblesse, leurs coups ne portent que sur le corps déjà condamné à la corruption; ils ne peuvent détruire que ce qui se détruit de soi-même; ils ne peuvent qu'écraser ce qui n'est que cendre; ils ne peuvent que prévenir de peu de jours une mort qui confondra bientôt la cendre des persécuteurs avec celle du persécuté. Quand ils ont tué le corps, qui de lui-même tombait déjà en ruine, leur force est épuisée, ils ne peuvent plus rien; car pour l'âme du juste persécuté, elle est dans la main de Dieu, asile inaccessible à la fureur humaine; et le tourment de la mort ne la touche point. Oh! qu'ils sont faibles ces hommes dont la puissance épouvante tout le genre humain, et qui en sont misérablement éblouis eux-mêmes! Gardez-vous bien, ô mes disciples, gardez-vous bien de les craindre jamais! (Fénelon.)

14ᵉ SUJET.

Écrivez comme il faut les temps composés des verbes dont les infinitifs sont écrits en italique.

Chez les Grecs, au milieu des jeux publics, les productions du génie des écrivains dans tous les genres étaient *exposer* au jugement d'une assemblée nombreuse et solennelle. L'histoire d'Hérodote fut *lire* ainsi pendant les jeux Olympiques. Cet excellent auteur fut *écouter* avec tant d'applaudissements, que les noms des neuf Muses furent *donner* aux neuf livres qui composent cette histoire, et qu'on criait partout, quand il passait : « Voilà celui par qui nos actions ont été si dignement *écrire*, par qui ont été *célébrer* les glorieux avantages *remporter* sur les barbares ! »

---

§ 6. SYNTAXE DES TEMPS COMPOSÉS AVEC *AVOIR*.

Dans les temps passés composés avec *avoir*, il peut se présenter une difficulté que voici : le mot qui suit est invariable, c'est-à-dire qu'il ne s'accorde jamais avec son sujet ni avec le complément qui le suit. Exemples : Mon père *a écrit* une lettre ; ma mère *a écrit* une lettre ; mes frères *ont écrit* des lettres ; mes sœurs *ont écrit* des lettres.

Le mot *écrit* ne change point, quoique le sujet ou le complément soit masculin ou féminin, singulier ou pluriel.

Si, au contraire, le complément précède le verbe *avoir*, il faut distinguer.

Si le verbe est transitif indirect, ou si le complément est indirect, le mot reste invariable. Exemples : ils *nous ont obéi*, c'est-à-dire *obéi à nous* ; je *leur ai accordé* une grâce, c'est-à-dire *accordé à eux*.

Au contraire, quand le verbe est transitif direct, le

participe passé qui suit *avoir* s'accorde toujours avec le complément direct placé devant l'auxiliaire. Exemples : *La lettre que vous avez écrite, je l'ai lue ; les livres que j'avais prêtés, on les a rendus ; quelle affaire avez-vous entreprise ? combien d'ennemis n'a-t-il pas vaincus !*

On voit que le complément mis devant le participe est ordinairement le conjonctif *que*, ou l'un des pronoms, *me, te, se, le, la, les, nous, vous.*

15º SUJET.

Pendant que la duchesse d'Aiguillon ouvrait une main pour distribuer ses biens dans cette grande ville, elle étendait l'autre pour assister des provinces affligées. Rappelez un moment en votre mémoire la triste idée des guerres, soit civiles, soit étrangères, où le soldat recueille ce que le laboureur avait semé, et consume en peu de temps non-seulement les fruits d'une année, mais encore l'espérance de plusieurs autres; où des familles effrayées fuient devant la face et l'épée de l'ennemi, et, croyant éviter la mort, tombent dans la faim et le désespoir, plus redoutables que la mort même. Souvenez-vous de ces années stériles, où, selon le langage du prophète, le ciel fut d'airain et la terre de fer. Les mères mouraient sans secours sous les yeux de leurs enfants, les enfants entre les bras de leurs mères, faute de pain ; et les peuples, dans les campagnes et dans les villes, ne vivaient plus qu'à la merci de quelques riches, souvent intéressés, qui songeaient plus à profiter des maux d'autrui qu'à les soulager. Ce fut alors que sa charité, comme un fleuve sorti d'une source vive et abondante, et grossi de quelques ruisseaux étrangers, rompit ses bords, et s'épandit sur tant de terres arides. Parlons sans figure : ce fut alors qu'unissant ses aumônes à celles qu'elle avait sollicitées et recueillies, elle fit couler un secours de trois ou quatre cent mille livres dans ces provinces désolées. (FLÉCHIER.)

QUESTIONS.

1. Comment doit s'écrire *affligées* ?
2. Comment doit être écrit *semé* ?

3. Comment doit s'écrire *effrayées?*
4. Comment doit s'écrire *intéressés?*
5. Comment doit s'écrire *sorti?*
6. (?) *Sorti* est-il un participe passif?
7. Qu'est-ce que *grossi?*
8. Comment doit s'écrire *grossi?*
9. Comment s'écrit *sollicitées?*
10. Comment s'écrit *recueillies?*
11. Comment s'écrit *désolées?*

16e SUJET.

Écrivez correctement les temps composés des verbes dont les infinitifs sont ici en italique.

Le comte de Nassau, l'un des généraux de Charles-Quint, menaçait Péronne en 1536; et les habitans de cette ville, dépourvus de toutes choses, l'auraient bientôt *abandonner,* si un gentilhomme français des environs, nommé d'Esturmel, n'eût *signaler* son zèle pour sa patrie. Prévoyant les suites funestes que la perte de Péronne aurait *entraîner,* il s'y transporta avec sa famille et ses enfants, et anima tellement ses concitoyens par ses discours et son exemple, qu'il les eut bientôt *déterminer* à la défendre jusqu'à la dernière extrémité. Cet homme, aussi généreux que brave, y fit conduire tous les grains qu'il avait *réunir* chez lui et tous ceux qu'il avait *obtenir* de la noblesse du voisinage; il y distribua son argent et celui qu'il avait *trouver* dans la bourse de ses amis. Enfin, la valeur, l'activité, l'intelligence qu'il avait *montrer,* rassurèrent les plus timides. Cette conduite déconcerta l'ennemi, et l'obligea de se retirer après un mois de siége, pendant lequel il donna quatre fois l'assaut, sans pouvoir se loger sur les brèches, que le canon avait fort *élargir.* Le roi, voulant récompenser d'Esturmel, le fit son maître d'hôtel, et lui donna une charge considérable dans les finances.

17e SUJET.

Le duc de Rispernon était sujet à beaucoup de distractions : les naïvetés qu'on lui a attribuées sont vraiment incroyables. A l'âge de dix-huit ans, il écrivit à son père une lettre, et voici l'adresse qu'il y avait mise : « A monsieur mon père, mari de madame ma mère, demeurant chez nous. » Il sortait du collége des Jésuites ; il demanda à ses parents où il avait fait ses études. Une fois il pria un astronome de lui dire ce que devenaient les vieilles lunes, quand il y en avait de nouvelles. Se trouvant un jour avec des chasseurs qu'il avait reçus chez lui, et qui parlaient avec éloge de la meute du roi, il demanda si les chiens du monarque allaient à pied à la chasse. On vantait en sa présence l'admirable éloquence de Cicéron : « Cette éloquence, que j'ai admirée comme vous, dit-il, ne me surprend pas. Ce sont sans doute les jésuites qui l'ont élevé. » Il alla de Toulon à Tours, où il devait épouser une très-riche héritière ; il avait mis sur ses tablettes en gros caractères : « Mémoire pour me faire souvenir que je dois me marier à Tours. » En parlant d'une tempête sur mer, il dit que le vaisseau qu'il montait avait pris le mors aux dents. Racontant un combat naval, il disait que plus de trente galères étaient restées sur le carreau.

QUESTIONS.

1. Comment doit s'écrire *attribuées* ?
2. Pourquoi dit-on *qu'il y avait mise* et non pas *mis* ?
3. Comment écrirait-on *devenu*, si au lieu de *ce que devenaient les vieilles lunes*, on mettait le plus-que-parfait ?
4. Comment doit s'écrire *reçus* ?
5. Comment faut-il écrire *admirée* ?
6. Comment doit s'écrire *restées* ?

18ᵉ SUJET.

Écrivez correctement les temps composés des verbes dont les infinitifs sont ici en italique.

François Iᵉʳ, plein pour la valeur du chevalier Bayard de l'estime qu'il avait si bien *mériter*, voulut être *armer* chevalier de sa main. Il proposa son dessein aux principaux capitaines de son armée qu'il avait *assembler*, et regardant Bayard : « Je ne connais, dit-il, personne dans l'armée qui soit plus généralement *estimer* que ce chevalier ; je veux honorer en lui la voix publique. Oui, Bayard, mon ami, je serai aujourd'hui chevalier de votre main, parce que celui que nous avons *voir* en tant d'assauts et de batailles se conduire toujours en parfait chevalier est le plus digne d'en faire d'autres. » Bayard représenta qu'un si grand honneur ne lui appartenait pas : « Tant de capitaines que j'ai toujours *reconnaître* pour mes supérieurs, dit-il, méritent mieux que moi cette gloire. » Mais le roi, persistant dans la résolution qu'il avait *prendre*, se mit à genoux ; et Bayard, tirant l'épée qu'il avait jusque-là *laisser* dans le fourreau, l'en frappa du plat sur le cou, en ajoutant ces mots qu'il n'avait point *préparer* : « Sire, autant vaille que si c'était Roland ou Olivier, Godefroy ou Baudouin son frère. Certes, vous êtes le premier prince que j'aie *armer* chevalier : Dieu veuille qu'en guerre vous ne preniez la fuite ! » Et regardant ensuite son épée avec une joie ingénue : « Tu es bienheureuse, mon épée, dit-il, d'avoir aujourd'hui *donner* l'ordre de chevalerie à un si vertueux et puissant roi. Certes, ma bonne épée, tu seras *garder* par moi comme une relique ; il n'en sera aucune autre que j'aie *honorer* autant que toi, et dès ce moment personne ne pourra dire que je t'aie *porter*, si ce n'est contre les Turcs, les Maures ou les Sarrasins. »

§ 7. FORMATION DES TEMPS COMPOSÉS DANS LES VERBES RÉFLÉCHIS.

On appelle *verbes réfléchis* ceux dont le sujet et le complément sont la même personne, comme *je me flatte, tu te loues, il se blesse,* etc.

Les verbes réfléchis prennent tous l'auxiliaire *être* aux temps composés, au lieu de l'auxiliaire *avoir* : *je me suis blessé*, et non pas *je m'ai blessé* ; *tu t'es repenti*, et non pas *tu t'as repenti*.

Pour se rendre compte de l'orthographe des temps composés dans ces verbes, il faut distinguer plusieurs cas :

1°. Il y a des verbes réfléchis *directs*, c'est-à-dire où le verbe simple, étant transitif direct, est précédé de son complément direct. Tel est, par exemple, *je me blesse*, *tu te loues*, c'est-à-dire *je blesse moi-même*, *tu loues toi-même*.

2°. Il y a des verbes réfléchis *indirects*, c'est-à-dire où le verbe simple ne peut avoir devant lui qu'un complément indirect : *il se nuit*, c'est-à-dire *il nuit à lui-même*; *cette femme se plaît*, c'est-à-dire *plaît à elle-même*.

3°. Il y a des verbes réfléchis *à deux compléments*, l'un direct et l'autre indirect, comme *cet enfant se donne une entorse, cette fille se fait une robe, cet ouvrier s'habitue à la paresse*.

4°. Il y a des verbes réfléchis *absolus*, c'est-à-dire qui n'existent pas comme verbes simples; tels sont *s'empresser, se repentir*; car on ne dit pas *empresser quelqu'un, repentir quelqu'un*.

Il est utile d'avoir la liste des verbes réfléchis absolus de la langue française. La voici [1].

Liste alphabétique des verbes réfléchis absolus.

S'absenter : Je *m'absenterai* pendant trois mois.
S'abstenir : *S'abstenir* de boire et de manger.
S'accointer : Il s'est *accointé* d'un homme de fort mauvaise compagnie.
S'accouder : Il *s'accoudait* sur une balustrade.
S'accroupir : *S'accroupir* auprès du feu.
S'acheminer : Nous *nous acheminâmes* vers tel endroit.
S'adonner : Il *s'adonnait* à l'étude.
S'agenouiller : Les chameaux et les éléphants *s'agenouillent*.
S'agriffer : Le chat *s'agriffa* à la tapisserie.
S'aheurter : Il *s'aheurte* à cela contre l'avis de tous ses parents.

[1]. Cette liste a été donnée dans le *Traité de grammaire*, § 48. L'étude que j'ai faite depuis de tous les verbes contenus dans le *Dictionnaire de l'Académie* m'a permis de la compléter.

S'amouracher : Il *s'est amouraché* de cette campagne.
S'animaliser : Ces substances *s'animalisent.*
S'anuiter : Si vous m'en croyez, ne vous *anuitez* pas.
S'arroger : Il *s'est arrogé* ce privilége.
S'avachir : Cet habit commence à *s'avachir.*
Se bastinguer : Autrefois on *se bastinguait* avec des toiles matelassées.
Se bifurquer : Les rameaux de cette plante *se bifurquent.*
Se blottir : Les perdrix *se blottissent* devant le chien.
Se cabrer : Ce cheval *se cabre.*
Se câliner : Il passe le temps à *se câliner* dans son fauteuil.
Se candir : Les confitures trop cuites *se candissent.*
Se carnifier : Ces parties *se carnifient.*
Se carrer, dans le sens de se mettre à son aise, se donner de l'importance. — *Carrer* est transitif direct en mathématiques : *Carrer* un nombre, *carrer* un cercle ; mais c'est un sens absolument différent.
Se coaliser : Voyez tous ces princes *se coaliser* contre un seul.
Se condouloir : *Se condouloir* avec quelqu'un.
Se confédérer : Les nobles Polonais *se confédèrent.*
Se conjouir : *Se conjouir* avec quelqu'un d'une grâce obtenue.
Se cotonner : Cette toile *s'est cotonnée.*
Se débrailler : *Se débrailler* devant tout le monde.
Se défausser : Je *me défausse* de cette carte.
Se défier, dans le sens de *se méfier* ; car *défier,* dans le sens de porter un défi, est transitif direct.
Se déjeter : Ce panneau *se déjette.*
Se délicoter : Ce cheval est sujet à *se délicoter.*
Se démener ; Il *se démène* comme un possédé.
Se dénantir : Il ne faut pas *se dénantir.*
Se dépiler : Cet animal *se dépile.*
Se désapproprier : *Se désapproprier* de tout pour payer ses dettes.
Se désister : Nous *nous désistons* de notre poursuite.
Se dessaisir : Quand on a de bons gages, il ne faut pas *s'en dessaisir.*
Se dodiner : Ce paresseux ne fait que *se dodiner.*
Se domicilier : Où vous *êtes-vous domicilié ?*
Se douloir : Il ne fait que *se douloir.* — C'est un vieux verbe.
S'ébahir : Je *m'ébahis* de tant d'audace.
S'ébattre : Ces enfants *s'ébattent* sur la pelouse.

S'ébaudir : Nous *nous ébaudîmes* à qui mieux mieux.
S'ébouler : Le rempart *s'éboule*.
S'écouler : L'eau de ce bassin *s'écoule* lentement.
S'écrier : Nous *nous écriâmes*.
S'écrouler : Ce mur *s'écroule*.
S'effleurir : Un minéral qui *s'effleurit*.
S'efforcer : Ne *vous efforcez* point à parler.
S'égosiller : J'ai beau *m'égosiller*, on ne m'écoute point.
S'élimer : Cette étoffe *s'est élimée* en moins de rien.
S'emberlucoquer : Comment a-t-il pu *s'emberlucoquer* ainsi ?
S'emboire : Ce tableau *s'emboit*, ces couleurs *s'emboivent*.
S'embusquer : En *m'embusquant* le soir, armé, cuirassé.
S'emparer : Il *s'est emparé* de mes terres.
S'empresser : C'est un homme qui *s'empresse* fort.
S'en aller : Ils *s'en iront* bientôt.
S'encapuchonner : Vous *vous êtes encapuchonné* bien à propos.
S'encasteler : Ce cheval commence à *s'encasteler*.
S'encuirasser : Il est si sale que son linge et ses habits *s'encuirassent*.
S'endimancher : Ces jeunes filles *s'étaient endimanchées*.
S'enfuir : Prenez garde, votre vin *s'enfuit*.
S'engouffrer : Le vent *s'engouffre* dans cette galerie.
S'engrumeler : Lorsque le sang vient à *s'engrumeler*.
S'enquérir : *Enquérez-vous* soigneusement de cela.
S'enquêter : Il ne *s'enquête* de rien.
S'enraciner : Les vices *s'enracinent* par la longue habitude.
S'en retourner : Il est temps que nous *nous en retournions*.
S'ensuivre : Voyez les conséquences qui *s'ensuivent* de cette proposition. Ce verbe n'est usité qu'aux troisièmes personnes du singulier et du pluriel.
S'entabler : Ce cheval *s'entable*.
S'entr'accorder : Tâchez de *vous entr'accorder*.
S'entr'accuser : Vous *vous entr'accusez* ; peut-être êtes-vous coupables tous les deux.
S'entr'aider : Il faut *s'entr'aider*.
S'entr'aimer : Ils *s'entr'aiment* depuis longtemps.
S'entr'appeler : Dans l'obscurité ils *s'entr'appelaient*.
S'entr'avertir : Nous *nous sommes entr'avertis* de cet incident.
S'entre-baiser : Après *nous être entre-baisés*.

S'entre-battre : Ils ne font que *s'entre-battre*.
S'entre-choquer : Ces deux hommes *se sont entre-choqués* en courant.
S'entre-connaître, mot employé par Corneille dans l'examen de *Mélite*.
S'entre-cogner : Il faisait nuit : *nous nous sommes entre-cognés*.
S'entre-croiser : Des lignes qui *s'entre-croisent*.
S'entre-déchirer : Ces hommes *s'entre-déchirent*.
S'entre-détruire : Laissons les méchants *s'entre-détruire*.
S'entre-dévorer : Certains animaux *s'entre-dévorent*.
S'entre-donner : Ils se sont entre-donné leurs biens.
S'entre-frapper : Vous *vous entre-frappez* inutilement.
S'entr'égorger : Les laisserons-nous *s'entr'égorger*?
S'entre-manger, n'est guère employé qu'au figuré.
S'entremettre : Il *s'entremit* pour les accorder.
S'entre-nuire : Ils se sont *entre-nui*.
S'entre-percer : Ces deux personnes *s'entre-percèrent*.
S'entre-pousser : Nous *nous sommes entre-poussés*.
S'entre-quereller : Ils ne font que *s'entre-quereller*.
S'entre-répondre : Ces deux chœurs *s'entre-répondaient*.
S'entre-secourir : Les troupes sont bien postées pour *s'entre-secourir*.
S'entre-suivre : Les jours et les nuits *s'entre-suivent*.
S'entre-tailler : Ce cheval *s'entre-taille*.
S'entre-tuer : Les combattants *se sont entre-tués*.
S'envoiler : Les limes *s'envoilent* quelquefois à la trempe.
S'envoler : Une mouche qui *s'envole*.
S'épanouir : Cette rose *s'épanouit*.
S'éparer : Ce cheval *s'épare* au moindre coup de fouet.
S'épouffer : On le poursuivait, il *s'est épouffé* dans la foule.
S'éprendre : Se laisser surprendre à une passion. — Il n'est guère usité aujourd'hui qu'au participe et aux temps qui s'en forment : Il *s'est épris* d'une belle passion ; et peut-être au présent indicatif : Il *s'éprend* de....
S'estomaquer : Il *s'est estomaqué* de ce que je ne lui ai pas rendu sa visite.
S'étoiler : Ces bouteilles *se sont étoilées*.
S'évader : Le coup fait, il *s'évada*.
S'évanouir : Il *s'évanouit* à toute heure.

S'évaporer : L'esprit-de-vin *s'évapore*.
S'évertuer : Prenez courage, *évertuez-vous*.
S'exfolier : Certains bois *s'exfolient* quand on les travaille.
S'expatrier : Cette famille *s'est expatriée* tout entière.
S'extasier : On ne peut entendre cette musique sans *s'extasier*.
S'extravaser : Quand le sang vient à *s'extravaser*.
Se fendiller : Du bois qui *se fendille*.
Se formaliser : Il *se formalise* de tout.
Se galer : Il ne fait que *se galer*.
Se gangrener : Cette jambe *se gangrènera* dans vingt-quatre heures.
Se gaudir : Il *se gaudissait* dans son château.
Se gausser : Vous *vous gaussez* de moi.
Se gendarmer : Vous *vous gendarmez* mal à propos.
Se goberger : Il *se gobergeait* de ces gens-là.
Se grimer : Cet acteur *se grime* bien.
Se grumeler : Le lait tourné *se grumelle*.
Se harpailler : Ils *se harpaillent* sans cesse.
Se hutter : Les soldats *se huttèrent* comme ils purent.
S'immiscer : Ne *nous immisçons* pas dans cette affaire.
S'impatroniser : Il *s'impatronise* ici.
S'incarner : Le Verbe *s'est incarné*.
S'infiltrer : Cette eau *s'infiltre* dans les murs.
S'ingénier : *Ingéniez-vous* pour sortir de cet embarras.
S'ingérer : Je ne *m'ingère* point dans vos affaires.
S'insurger : Cette ville *s'est insurgée*.
S'invétérer : Cette coutume *s'est invétérée*.
Se juxtaposer : Les molécules d'un minéral *se juxtaposent*.
Se mécompter : Prenez-garde de *vous mécompter*.
Se méfier : *Méfiez-vous* de lui.
Se méprendre : Je *me suis mépris*.
Se moquer : Vous *vous moquez* de lui.
Se morfondre : Vous *vous morfondez* là.
Se motter : Les perdrix *se mottent*.
Se musser. Vieux mot qui signifie *se cacher*.
Se mutiner : Ces écoliers *se mutinent*.
S'obstiner : Plus on le prie, plus il *s'obstine*.
Se panader : Vieux verbe ; voyez *se pavaner*.
Se parjurer. Voudriez-vous *vous parjurer* ?

Se pavaner : Voyez comme *il se pavane !*
Se pommeler : Le ciel *s'est pommelé* en un instant.
Se prélasser : L'âne *se prélassant*.... (LA FONTAINE.)
Se prosterner : Il *se prosterna* devant lui.
Se raccoutumer. Il *se raccoutume* à notre manière de vivre.
Se ramifier : Les veines *se ramifient.*
Se racquitter : Vous *vous racquitterez* une autre fois.
Se ratatiner : Le parchemin *se ratatine* au feu.
Se raviser : Vous *vous raviserez.*
Se rebecquer : Il ne *s'est* point *rebecqué.*
Se rebeller : Les sens, les passions *se rebellent* contre raison.
Se récrier : Tu vas *te récrier.*
Se recolliger : Il faut *se recolliger.*
Se recroqueviller : Les feuilles commencent à *se recroqueviller.*
Se rédimer : *Se rédimer* des poursuites.
Se refrogner : Il *se refrogne* toujours.
Se réfugier : Il ne sait où *se réfugier.*
Se rembucher : La bête *s'est rembuchée.*
Se remparer : Ils *se remparèrent* avec les chariots.
Se renfrogner : Il *se renfrogne* toujours. — C'est le même mot que *refrogner.*
Se rengorger : Depuis qu'il est revêtu de cette charge, il *se rengorge* fort.
Se repentir : Il *s'en repentira.*
Se requinquer : Vous *vous êtes requinqué* aujourd'hui.
Se ressouvenir : Je *m'en ressouviens* maintenant.
Se seller : Ce terrain commence à *se seller.*
Se souvenir : Je *m'en souviens,* tu *te souviendras.*
Se soucier : Je ne *m'en soucie* guère.
Se targuer : Il *se targue* de sa noblesse.
Se tapir : *Se tapir* derrière une haie.
Se taveler : La peau de cet animal commence à *se taveler.*
Se terrer : Un blaireau qui *se terre.*
Se transfigurer : Notre-Seigneur *se transfigura* sur le mont Thabor.
Se trémousser : Un chien qui *se trémousse.*
Se vautrer : Ce sanglier *se vautre* dans la fange.
Se ventrouiller : Les cochons aiment à *se ventrouiller.*
Se vermouler : Ce bois commence à *se vermouler.*

19ᵉ SUJET.

Donnez les temps composés de l'indicatif des verbes *s'accroupir, se câliner, se dénantir, se dessaisir*; et ceux du conditionnel et du subjonctif de *se goberger, s'emparer, s'endimancher.*

20ᵉ SUJET.

Relevez dans ce sujet les verbes réfléchis, et conjuguez successivement un temps simple et un temps composé de chacun.

Denys le Jeune, ayant été chassé de Syracuse, se retira à Corinthe, où il menait une vie pauvre et précaire. Dans les moments où les incommodités de sa nouvelle condition se faisaient le plus vivement sentir : « Heureux, s'écriait-il, ceux qui, dès l'enfance, se sont habitués au malheur ! » On lui demandait à quoi lui avaient servi les leçons de Platon et l'étude de la philosophie. « Je m'y suis instruit, répondit-il, à supporter avec courage le changement de ma fortune. »

---

§ 8. SYNTAXE DES TEMPS COMPOSÉS DANS LES VERBES RÉFLÉCHIS.

Les règles de syntaxe des temps composés sont maintenant très-faciles.

1°. Dans les verbes réfléchis directs, le participe s'accorde toujours avec le complément direct placé devant l'auxiliaire, et par conséquent avec le sujet (qui est la même personne) : *cette petite fille s'est coupée, ma sœur s'est amusée, mes frères se sont retirés.*

2°. Dans les verbes réfléchis indirects, le temps composé reste invariable : *ces deux hommes se sont nui, ces femmes se sont souri*; parce qu'on dit *nuire* ou *sourire à quelqu'un.*

3°. Dans les verbes à deux compléments, si c'est le complément direct qui est placé devant l'auxiliaire, le participe s'accorde comme dans les réfléchis directs : *ces ouvriers se sont habitués à la paresse* ; si, au contraire, c'est le complément indirect qui précède, le temps composé reste invariable : *ces écoliers se sont jeté des boules de neige.*

4°. Les verbes réfléchis absolus, à l'exception des quatre suivants : *s'arroger, s'entre-donner, s'entre-nuire* et *s'entre-répondre* se comportent tous comme les verbes réfléchis directs, c'est-à-dire que le participe s'accorde avec le complément placé devant le verbe *être* ou avec le sujet. *Ma sœur s'est repentie, mes frères se sont empressés.*

21ᵉ SUJET.

A la vue des côtes d'Égypte, à la vue de ces régions que saint Louis veut conquérir à Jésus-Christ, sa foi redouble son courage ; il s'élance le premier l'épée à la main au milieu des flots ; sa seule présence a suffi pour disperser une multitude de Sarrasins qui couvraient le rivage. Il s'empare de Damiette. Les autres conquérants éternisent leurs triomphes par des ravages ; Louis ne signale ses conquêtes que par des bienfaits publics. Comptez toutes ces cités du Levant que vous voyez si florissantes, Acre, Césarée, Joppé, Philippe, Sidon, toutes ces villes fortifiées, reconstruites, policées, enrichies : ce sont les places que saint Louis a emportées d'assaut, et les honorables monuments de ses victoires.

Déjà l'armée chrétienne a passé le Tanis ; tout lui annonce des triomphes. L'Égypte entière est sur le point d'être conquise, lorsque, par l'imprudente valeur du comte d'Artois, un monarque français est précipité pour la première fois dans les fers. Il n'a fallu qu'un jour, il n'a fallu qu'une heure pour perdre une armée triomphante, et jeter un grand roi du char de la victoire dans les horreurs de la captivité. Que vois-je ? Louis IX prisonnier chez les barbares ! Mais les Sarrasins ne reconnaissent-ils pas encore un roi à l'héroïque magnanimité d'un captif qui ne veut point donner d'autre caution que sa parole, point d'autre rançon pour sa personne qu'une ville fortifiée, et qui, entendant un Infidèle lui crier, le poignard levé sur sa tête : « Arme-moi chevalier ou tu meurs, » lui répond : « Si tu veux l'être, fais-toi chrétien, ou frappe et perce-moi le cœur. » (MAURY.)

QUESTIONS.

1. Quel serait le parfait et le plus-que-parfait correspondants au présent *il s'élance?*
2. Comment doit s'écrire *élancé* ici?
3. Donnez le prétérit antérieur et le futur passé du verbe *s'emparer*.
4. Pourquoi *emparé* est-il au singulier masculin?
5. Faites des phrases où ce mot soit au singulier féminin.
6. Quel verbe est *signaler* dans *Louis signale ses conquêtes?*
7. Faites-en un verbe réfléchi.
8. Mettez ce verbe à un temps composé, et faites-le entrer dans des phrases où il soit tour à tour au singulier et au pluriel, au masculin et au féminin.
9. Quel verbe est *précipiter* dans *un monarque est précipité?*
10. Prenez-le à la forme réfléchie du futur passé, et formez des phrases où il soit tour à tour aux deux genres et aux deux nombres.
11. Quel verbe est *reconnaître* dans *les Sarrasins ne reconnaissent?*
12. Mettez-le à la forme réfléchie et construisez-le aux deux temps composés du subjonctif avec des sujets alternativement masculin et féminin, singulier et pluriel.

22e SUJET.

Écrivez avec des sujets pluriels féminins les parfaits et les futurs passés des verbes réfléchis marqués ici en italique.

Ah! si les anges du ciel dans le séjour même de la gloire sont capables d'une nouvelle joie à la conversion d'un seul pécheur, quelle dut être la joie des anges du désert, des pieux solitaires qui déjà, depuis quelque temps, *s'étaient retirés* à Cîteaux, lorsqu'ils virent arriver Bernard à la tête d'une si florissante troupe! Le silence, les veilles, les jeûnes et toute la rigueur de la discipline monastique, qui, ailleurs, ou ralentie ou tout à fait éteinte, *s'observait* sans adoucissement à Cîteaux, rendaient l'abord de cette solitude formidable à ceux d'entre les séculiers qui voulaient renoncer au siècle. On regardait cette terre sainte comme une terre peuplée par des hommes extraordinaires, et qui dévorait ses habitants; peu de personnes osaient y venir essayer d'un genre de vie d'autant plus dur, qu'il était peu à la portée d'un siècle où le relâchement était devenu le goût dominant. Cette chaste Sion était déserte et stérile, tandis que les autres épouses moins fidèles *se glorifiaient* de la multitude de leurs enfants; et il était à craindre que ce pieux établissement ne tombât enfin faute de sujets. Étienne, abbé du monastère, vénérable par un grand âge et par une piété consommée, voyait avec douleur le fruit de ses travaux sur le point de périr. Mille fois il avait levé ses mains pures au ciel pour demander à Dieu la multiplication de son peuple; et il attendait avec confiance l'effet de ses prières, quand Bernard, suivi de ses compagnons, vint *se jeter* à ses pieds. Que de larmes de joie et de tendresse coulèrent alors des yeux du saint vieillard! Combien de fois dit-il au Seigneur, comme Siméon, qu'il mourrait en paix, puisque ses yeux avaient enfin vu le salut de Dieu, et celui qu'il avait préparé pour être la lumière des nations et la gloire d'Israël! (MASSILLON.)

23ᵉ SUJET.

Écrivez ici comme il faut les temps composés des verbes dont les infinitifs sont en italique.

Combien d'hommes *se livrer* à de mauvais penchants, qui ensuite *s'en repentir* toute leur vie! Combien d'autres *se laisser aller* à des actions honteuses, que leurs meilleurs amis en *blâmer* justement.

Le philosophe Zénon était fort *chérir* d'Antigone, roi de Macédoine, et reprenait avec beaucoup de liberté la passion que toujours ce prince *avoir* pour le vin. Un jour ce monarque, étant ivre, s'approcha du sage, l'embrassa avec ces épanchements de cœur que l'ivresse *donner* quelquefois, et lui dit : « Mon cher Zénon, demande-moi toutes les grâces que tu voudras, et je te les aurai bientôt *accorder*. — Je ne demande qu'une chose, répondit Zénon ; c'est que vous alliez cuver votre vin. »

24ᵉ SUJET.

Écrivez comme il faut les temps composés des verbes dont les infinitifs sont ici en italique.

Pendant les fêtes qu'on avait *nommer* Panathénées, et qui se sont toujours *célébrer* à Athènes avec solennité, un vieillard étant *aller* chercher une place dans l'endroit où les Athéniens s'étaient *ranger*, les jeunes gens, après s'être *moquer* de lui, le renvoyèrent avec mépris : il se retira du côté des Lacédémoniens ; et, dès qu'il parut, ceux-ci, après s'être *lever* tous, par respect pour son âge, le firent asseoir au milieu d'eux. Les Athéniens, témoins de cette action, lui donnèrent de grands applaudissements. « Hélas ! s'écrièrent quelques Lacédémoniens qui s'étaient *apercevoir* de ce mouvement, ce peuple connaît ce qui est honnête, sans avoir le courage de le pratiquer ! »

---

§ 9. NOMS OU ADJECTIFS PLACÉS APRÈS LE VERBE.

La règle du participe variable reste la même lorsque le sujet est placé après le verbe, comme cela a lieu dans quelques propositions secondaires et dans quelques phrases interrogatives :

Les livres que m'a *prêtés* votre *frère*.
Où s'en sont *allées* vos *sœurs* ?
Quand se sont *présentés* ces deux jeunes *gens* ?

Cette règle, aujourd'hui évidente, a été non-seulement contestée, mais absolument rejetée, pendant longtemps, par les grammairiens. Il est bon d'en être prévenu, si on lit quelque grammaire ou quelque ouvrage imprimé anciennement.

Le participe reste variable quand il est suivi d'un adjectif ou d'un nom pris adjectivement qui complète sa signification.

Les hommes que Dieu avait *créés innocents*.
La jeune fille que l'on a *trouvée morte*.
Elle s'est *rendue maîtresse* de sa frayeur.

Toutefois on trouve de nombreux exemples où le participe ne s'accorde pas :

Elle remerciait Dieu de l'avoir *fait chrétienne*. (BOSSUET.)
Il ne vous a pas *fait une belle personne*. (MOLIÈRE.)
Il l'a *trouvé* fort *grande* et fort *jolie*. (RACINE.)
Cette tombe que *j'ai vu lavée* de vos pleurs. (VOLTAIRE.)

25e SUJET.

Un Breton, étant venu à Paris, alla voir M. de S***, son compatriote, auquel il demanda, par occasion, six francs que lui avait prêtés son père, il y avait environ quinze ans. A cette demande, M. de S*** appelle son laquais : « Labrie, lui dit-il, ouvrez cette armoire, et apportez-moi deux volumes que j'y ai déposés il y a longtemps, et que, l'autre jour, j'ai vus couverts de poussière. » Le domestique obéit, et remit à son maître deux bouquins à demi rongés des rats. M. de S*** le présente à son créancier, qui ouvrait de grands yeux : « Prenez, monsieur, lui dit-il, prenez ; ce sont des prix de mémoire que j'ai remportés dans ma jeunesse ; vous les avez mérités mieux que moi. »

QUESTIONS.

1. Comment doit s'écrire *prêtés ?*
2. Cette orthographe a-t-elle toujours été reçue ?
3. Comment doit s'écrire *déposés ?*
4. Comment doit s'écrire *vus ?*
5. Comment doit s'écrire *remportés ?*
6. Comment s'écrit *mérités ?*

26e SUJET.

Hippomaque, fameux joueur de flûte, n'épargnait pas les avis sévères à ceux de ses élèves qu'il avait trouvés faisant quelque faute, ou manquant à quelque règle de son art. Un jour, un de ses écoliers jouait de la flûte dans un carrefour. Il en jouait assez médiocrement, quoique la populace qui l'environnait se trouvât charmée de ce concert. Hippomaque s'approcha de lui, saisit son instrument, et brisant cette flûte que lui avait arrachée sa main : « Ne vois-tu pas, dit-il, que tes sons n'ont mérité l'approbation d'aucun homme de goût, puisque les seuls auditeurs que tu aies vus assez complaisants pour t'applaudir sont tous ignorants de la musique ? »

QUESTIONS.

1. Comment doit s'écrire *trouvés*?
2. Pourrait-on l'écrire autrement?
3. Quelle est la meilleure de ces deux orthographes?
4. Mettez le verbe réfléchi *se trouver* à un temps composé dans la phrase *la populace se trouvât charmée*. Comment s'écrira-t-il?
5. Comment doit s'écrire *arrachée*?
6. Cette orthographe a-t-elle toujours été admise?
7. Comment doit s'écrire *vus* dans *que tu aies vus assez complaisants*?
8. Cette orthographe est-elle obligée?

---

§ 10. VERBES PLACÉS APRÈS LES TEMPS COMPOSÉS.

Quand le participe est suivi d'un verbe, il peut être douteux si le complément direct qui précède *avoir* est complément de cet auxiliaire ou du verbe qui le suit. Dans le premier cas seulement, le participe est variable; dans le second cas, il faut nécessairement prendre la forme invariable.

Cette règle générale se décompose en plusieurs autres :

1°. Avec les verbes *aimer mieux, compter, daigner, désirer, devoir, espérer, oser, pouvoir, préférer, savoir, souhaiter, vouloir,* l'infinitif qui les suit étant leur complément direct, les temps composés restent invariables.

> La résolution *que j'ai mieux aimé* prendre.
> Les plaisirs *que j'avais espéré* goûter.
> Les biens *que j'ai dû* perdre.
> Les avantages *qu'il a su* tirer de sa position.

En effet, c'est comme s'il y avait : j'ai mieux aimé *prendre laquelle résolution ;* j'avais espéré *goûter lequel plaisir,* etc. ; *que* est donc complément de *prendre, goûter, perdre, tirer,* et non des temps composés *j'ai aimé, j'ai espéré, j'ai dû, il a su,* etc.

2°. Avec les verbes *apercevoir, écouter, entendre, observer, ouïr, regarder, voir, paraître, sembler,* comme le verbe qui le suit peut toujours se tourner par le participe présent, si ce participe présent se rapporte au complément placé devant *avoir,* on emploie le participe variable :

> La femme que j'ai *entendue* se plaindre.
> Mes frères, que j'ai *vus* venir.
> Les bergères que j'ai *aperçues* danser.

En effet, le sens est ici : La femme laquelle (se plaignant) j'ai *entendue ;* mes frères lesquels (venant) j'ai *vus ;* les bergères lesquelles (dansant) j'ai *aperçues.*

Au contraire, on conserve la forme invariable si le participe présent par lequel on tourne l'infinitif ne se rapporte pas au complément d'*avoir.* Ainsi on écrit :

> La romance que j'ai *entendu* chanter.
> La poule que j'ai *vu* mettre en daube.
> L'histoire que j'ai *ouï* conter.

car ici la construction pleine serait : La romance, j'ai *entendu* (quelqu'un) chantant laquelle ; la poule, j'ai *vu* (quelqu'un) mettant en daube laquelle ; l'histoire, j'ai *ouï* (quelqu'un) contant laquelle.

Le complément direct placé devant *avoir* est toujours celui des infinitifs *chanter, mettre en daube, conter.* Il ne peut donc influer sur les mots *entendu, vu, ouï,* qui ne le régissent pas.

Quant aux deux verbes *sembler* et *paraître,* l'infinitif présent qui les suit se rapporte toujours à leur sujet, et non au complément. Ainsi ils ne reçoivent que la forme invariable :

Les bons offices que tu *as paru* rejeter.
Les regrets qu'il *a semblé* exprimer.

3°. Les verbes *voir* et *entendre* peuvent entrer dans des phrases qui autorisent les deux orthographes selon le sens qu'on veut exprimer.

Cette femme, je l'ai *vu* peindre, ou *vue* peindre.

Mettez *vu* si on la peignait ; *vue* si c'était elle qui peignait.

Ces perdreaux, je les ai *vu* manger, ou *vus* manger.

Mettez *vu* si vous voulez dire qu'on les mangeait ; *vus* si c'étaient eux-mêmes que vous avez *vus* mangeant.

Les poëtes que j'ai *entendu* louer, ou *entendus* louer….

Entendu si vous voulez dire qu'on les louait ; *entendus* si c'étaient eux que vous avez entendus louant quelqu'un.

27° SUJET.

Un homme, ayant une cruche d'une excellente anisette qu'il aurait voulu conserver, cacheta sa cruche, espérant qu'ainsi personne ne pourrait le tromper. Mais son valet fit un trou par-dessous, et buvait la liqueur que le maître avait espéré soustraire à sa gourmandise. Celui-ci, ayant un jour décacheté la cruche, fut fort surpris de voir son anisette diminuée, sans en pouvoir deviner la cause. Quelqu'un lui dit qu'on devait l'avoir tirée par-dessous; «Vous vous trompez, reprit le maître; ce n'est pas par-dessous qu'elle manque, c'est par-dessus.»

QUESTIONS.

1. Comment doit s'écrire *voulu*?
2. Comment doit s'écrire *avait espéré*?
3. Comment doit être écrit l'*avoir tirée*?

28ᵉ SUJET.

Parmi les traits de sévérité sur soi-même que j'aurais voulu vous citer, il n'en est pas de plus remarquable que la peinture que saint Jérôme a pu nous laisser de l'état de son âme, lorsqu'une passion qu'il n'avait pas su dompter lui faisait craindre d'avoir offensé Dieu. « Lorsque j'éprouve quelque mouvement de colère, dit ce saint, quand une mauvaise pensée m'est entrée dans l'esprit, ou quand j'ai eu quelque illusion pendant le sommeil, je n'oserais entrer dans les basiliques des martyrs, tant j'ai le corps et l'esprit saisis de frayeur et de tremblement! » Ne reconnaît-on pas ici des sentiments que la religion seule a dû inspirer, et qu'on a vainement espéré trouver chez les hommes qui n'aiment que le monde?

QUESTIONS.

1. Comment doit s'écrire *j'aurais voulu*?
2. Comment doit s'écrire *pu* dans *la peinture que saint Jérôme a pu nous laisser*?
3. Comment doit s'écrire *su* dans *qu'il n'avait pas su...*?
4. Comment doit s'écrire *a dû*?
5. Comment doit s'écrire *qu'on a espéré*?

29ᵉ SUJET.

Combien de gens se sont montrés en public dans des sociétés

40 VERBES PLACÉS APRÈS LES TEMPS COMPOSÉS.

qu'ils n'auraient pas dû hanter, sous des costumes qu'on aurait souhaité ne pas leur voir, ou dans des positions qu'un sage aurait mieux aimé ne pas prendre !

Louis XIV avait coutume de danser en public dans les ballets; mais il fut corrigé par la tragédie de *Britannicus*, lorsqu'il l'eut vu jouer, et par ces vers relatifs à Néron, lorsqu'il les eut entendu réciter :

> Pour mérite premier, pour vertu singulière,
> Il excelle à conduire un char dans la carrière,
> A disputer des prix indignes de ses mains,
> A se donner lui-même en spectacle aux Romains ;

Dès lors il ne dansa plus en public : il se rappela les règles de la décence, et le poëte réforma le monarque.

QUESTIONS.

1. Comment doit s'écrire *dû* devant *hanter* ?
2. Comment doit s'écrire *souhaité* devant *voir* ?
3. Comment s'écrit *aurait mieux aimé* devant *prendre* ?
4. Comment s'écrit l'*eut vu* devant *jouer* ?
5. Comment doit s'écrire *eut entendu* devant *réciter* ?

30° SUJET.

Formez, avec les verbes du sujet suivant et les temps composés des verbes *aimer mieux, compter*, etc., *apercevoir, écouter, entendre*, etc., qui en prennent d'autres pour compléments, des phrases où ces temps composés, précédés de compléments directs, de divers genres et de divers nombres, soient tantôt variables, tantôt invariables.

Clotaire II, roi de France, manda saint Éloi à sa cour, pour lui faire prêter le serment de fidélité. Le monarque lui proposa de jurer sur les saintes reliques. Éloi promettait bien de demeurer toujours fidèle ; mais il ne put se résoudre à mettre la main sur la châsse, moins encore à jurer, parce qu'il savait que Jésus-Christ a défendu tout jurement, hors le cas d'une indispensable nécessité. Plus le roi le pressait de se lier à son service par un serment, plus Éloi s'en défendait avec humilité ; en sorte que, craignant d'offenser Dieu en obéissant au roi, et d'offenser le roi en obéissant à Dieu, il n'opposait que des larmes aux instances du prince. Clotaire en fut touché; et jugeant que ces scrupules ne venaient que de la délicatesse de sa conscience, et du respect qu'il avait pour les choses sacrées, il n'insista pas davantage. « Votre répugnance, lui dit-il, en le congédiant, m'assure beaucoup mieux de votre fidélité, que tous les serments que vous pourriez faire. »

§ 11. INFINITIFS PRÉCÉDÉS DE *A* OU *DE*.

1°. Lorsque le temps composé d'*avoir* régit le verbe qui le suit à l'aide de la préposition *de*, c'est par un examen attentif qu'on détermine s'il doit ou ne doit pas s'accorder.

Les fautes *que j'ai gémi* de punir.
Les reproches *que j'ai frémi* d'entendre.
Les livres *qu'on a proposé* de m'offrir.

Il est visible qu'alors c'est la forme invariable qu'il faut prendre, parce que c'est l'infinitif précédé de la préposition *de* qui est le vrai complément. Il n'y a d'exception que quand le temps composé a devant lui un complément direct qui lui est propre, ou quand une inversion transporte après le temps composé d'*avoir* l'infinitif complément du nom qui le précède, comme dans cette phrase :

Cette servante a remis les livres *qu'on l'avait chargée* d'apporter.
L'invitation *qu'il a acceptée* de dîner chez moi.

Dans ce dernier exemple, la construction est intervertie; *de dîner chez moi* n'est pas le complément d'*accepter*, mais bien du substantif *invitation*. L'ordre logique serait, en effet : L'invitation (de dîner chez moi) qu'il a *acceptée*.

2°. Il faut faire une observation semblable sur les verbes qui régissent un autre verbe avec *à* :

Les sentiments que j'ai *cherché* à vous inspirer.
Les livres que vous avez *consenti* à me donner.
L'école que vous avez *contribué* à fonder.

Toutefois on doit remarquer que plusieurs de ces verbes, naturellement transitifs directs, peuvent recevoir leur complément direct, avec lequel ils s'accordent, si l'infinitif qui les suit n'est que leur complément indirect ; alors il peut lui-même avoir pour complément le *que* conjonctif placé auparavant :

Les dessins qu'*elle* s'est *appliquée* à reproduire.
La robe qu'on *l*'a *engagée* à se faire.
Les injures que je *vous* ai *exhortés* à mépriser.

31e SUJET.

Saint Jean l'Aumônier eut un jour une contestation très-vive avec le sénateur Nicétas, pour des places du marché, que celui-ci avait résolu de prendre au profit du trésor public, tandis que saint Jean les avait réclamées au profit des pauvres. Ils se séparèrent mécontents l'un de l'autre. Le saint patriarche, attristé de ce différend, envoya sur le soir, à son ami, un archiprêtre et un clerc, pour lui porter ces simples mots qu'il les avait chargés de lui dire : « Le soleil est près de se coucher. » Nicétas, frappé de cette parole, et reconnaissant toute cette tendre amitié qu'il avait risqué de perdre par son obstination, va trouver saint Jean, fondant en larmes. Ils se mettent à genoux l'un devant l'autre, et s'embrassent réciproquement. Le saint lui dit : « Je vous assure, mon frère, que si je m'étais aperçu de l'irritation que j'ai contribué à exciter dans votre âme ; si j'avais bien compris la douleur que vous n'avez pas manqué de respecter, j'aurais été vous trouver moi-même pour me jeter à vos pieds. » Le sénateur l'embrassa ; le supplia d'oublier cet instant de vivacité qu'il avait frémi d'éprouver, et ils se quittèrent bons amis.

QUESTIONS.

1. Comment doit s'écrire *résolu* dans *qu'il avait résolu de prendre*?
2. Comment doit s'écrire *réclamée* dans *les avait réclamées*?
3. Comment doit s'écrire *chargés* dans *qu'il les avait chargés de lui dire*?
4. Pourquoi ne s'accorde-t-il pas plutôt avec *que* placé aussi devant l'auxiliaire, et qui est féminin pluriel comme se rapportant à paroles?
5. Comment s'écrit *risqué* dans *qu'il avait risqué de perdre*?
6. Comment s'écrit *contribué* dans *l'irritation que j'ai contribué à exciter*?
7. Comment s'écrit *manqué* dans *la peine que vous n'avez pas manqué de ressentir*?
8. Comment s'écrit *frémi* dans *la vivacité qu'il avait frémi d'éprouver*?

32ᵉ SUJET.

Faites sur les verbes employés par Fénelon, dans le sujet suivant, des phrases où vous mettrez les temps composés des verbes *engager*, *gémir*, etc., devant d'autres verbes et avec divers compléments devant eux.

Voici, sur la patience dans les peines, quelques lignes de Fénelon que je vous ai souvent engagés à méditer : « S'impatienter, c'est vouloir ce qu'on n'a pas, ou ne pas vouloir ce qu'on a. Une âme impatiente est une âme livrée à sa passion, que la raison ni la foi ne retiennent plus. Quelle faiblesse ! quel égarement ! Tant qu'on veut le mal qu'on souffre, il n'est point mal. Pourquoi en faire un vrai mal, en cessant de le vouloir? La paix intérieure réside non dans les sens, mais dans la volonté. On la conserve au milieu de la douleur la plus amère, tandis que la volonté demeure ferme et soumise. La paix d'ici-bas est dans l'acceptation des choses contraires, et non pas dans l'exemption de les souffrir. » — Vous voyez par là que les maux que vous aurez consenti à souffrir ne sont plus de vrais maux; qu'au contraire ceux que vous aurez cessé d'accepter avec soumission vous sembleront plus cruels; que la paix intérieure que vous avez toujours désiré de posséder, réside non dans les sens qu'on a toujours vus dépendre des circonstances extérieures, mais dans la volonté que tous les philosophes ont soutenue nous appartenir plus intimement. Fénelon conclut que cette paix de l'âme, on la peut conserver au milieu des douleurs que les accidents de la vie se sont amusés à amasser sur nous. C'est une morale très-sublime que la religion seule a pu lui inspirer, et qu'il ne vous aura pas invités vainement à pratiquer.

§ 12. TEMPS COMPOSÉS ENTRE DEUX *QUE*.

1°. Quelquefois le temps composé est entre deux *que*, comme dans cette phrase :

J'ai reçu les titres *que* je vous avais dit *que* j'attendais;

ou dans celle-ci :

La lettre *que* j'ai *présumé que* vous recevriez est enfin arrivée.

Le premier *que* est seul adjectif conjonctif ; le second est la conjonction *que*. Il est visible que c'est la forme invariable qu'il faut prendre ici.

2°. Dans cette construction, on retranche souvent la proposition secondaire ; dans le cas de cette suppression, c'est encore la forme invariable que l'on doit prendre en général.

Il ne m'a pas rendu tous les services *que j'avais cru* (qu'il me rendrait).

Vous n'avez pas trouvé les agréments *que j'aurais désiré* (que vous trouvassiez).

S'il avait demandé M. de Fontenelle pour examinateur, je lui aurais fait tous les vers qu'*il aurait voulu* (que je lui fisse).

Toutefois, dans ce cas, quelques verbes peuvent prendre aussi la forme variable, si l'on peut leur faire régir directement le *que* conjonctif.

Vous n'avez pas trouvé les agréments *que j'aurais désirés*.

Parce qu'on dit très-bien *désirer une chose, désirer un* ou *plusieurs agréments*.

33e SUJET.

Julien l'Apostat, étant à Antioche, signala son séjour dans cette ville par une action de clémence que j'ai cru que vous jugeriez digne des plus grands éloges. Les magistrats et ceux qui avaient été en place vinrent le saluer selon la coutume, excepté l'un d'eux, nommé Thalassius, qu'il n'avait pas permis qu'on lui présentât, parce que cet homme l'avait autrefois desservi. Différents particuliers, qui plaidaient contre Thalassius, voulant profiter de cette conjoncture, amassent le lendemain une foule qu'ils avaient espéré que l'empereur écouterait, et abordent le prince en criant : « Thalassius, votre ennemi, nous a enlevé nos biens! Il a commis mille violences que nous avons désiré que vous punissiez! » Julien sentit qu'on abusait de la disgrâce d'un malheureux qui, coupable envers lui seul, était peut-être innocent envers les autres : « J'avoue, dit-il aux accusateurs, que votre ennemi est aussi le mien; mais c'est précisément ce qui doit suspendre vos poursuites et la haine que j'ai vu que vous aviez contre lui, en attendant que j'en aie tiré raison; je mérite bien la préférence. » En même temps, il défendit au préfet de les écouter, jusqu'à ce qu'il eût rendu ses bonnes grâces à l'accusé, et il les lui rendit bientôt après.

QUESTIONS.

1. Comment doit s'écrire *cru* dans *que j'ai cru que vous jugeriez*?
2. Qu'est donc le *que* qui suit *j'ai cru*?
3. Prouvez cette assertion.
4. *Permis* est-il au singulier masculin dans *qu'il n'avait pas permis qu'on lui présentât*?

5. Comment doit être écrit *espéré* dans *la foule qu'ils avaient espéré que l'empereur écouterait ?*

6. Comment doit être écrit *désiré* dans *les violences que nous avons désiré que vous punissiez ?*

7. Comment doit s'écrire *vu* dans *la haine que j'ai vu que vous aviez ?*

34ᵉ SUJET.

Écrivez correctement les temps composés des verbes dont les infinitifs sont ici écrits en italique.

« Oh ! que la piété, dit Fénelon, quand elle est prise par le principe fondamental de la volonté de Dieu, sans consulter le goût, ni le tempérament, ni les saillies d'un zèle excessif, est simple, douce, aimable, discrète et sûre dans toutes ses démarches ! » — Cela est bien vrai. Avec elle, on vit à peu près comme les autres gens, sans cette affectation qu'on *croire* qu'on pouvait reprocher à certaines personnes ; sans cette apparence d'austérité qu'on *dire* que plusieurs simulaient, plutôt qu'ils ne la pratiquaient ; de cette manière sociable et aisée qu'on *remarquer* qu'on aimait dans le monde ; mais avec une sujétion perpétuelle à tous les devoirs qu'on *juger* que Dieu aurait pour agréable ; mais avec un renoncement sans relâche à tous ces mouvements irréguliers qu'on *penser* que Dieu condamnerait.

---

§ 13. RAPPORTS DOUTEUX OU EMBARRASSANTS.

Il y a beaucoup de phrases où l'on peut être incertain si l'on fera rapporter le *que* complément du temps composé d'*avoir* à un mot ou à un autre. Par exemple, dans :

Le peu d'eau *que* j'ai *bu* ou *bue*.
La troupe de jeunes gens *que* j'ai *vue* ou *vus*.
La quantité de bals *qu'*on a *donnée* ou *donnés*.

Faut-il mettre le masculin ou le féminin ? le singulier

ou le pluriel? Cela dépend évidemment du mot auquel on fait rapporter *que* : si c'est à *peu*, mettez *bu*; si c'est à *eau*, mettez *bue*, etc.

Mais auquel faut-il le faire rapporter? Cela dépend entièrement de la pensée de celui qui parle. Ce qu'il y a de sûr, c'est que ce n'est pas là une question de participe, mais seulement une question de rapport; et, comme chacun est maître des rapports qu'il veut établir, la grammaire n'a rien à décider à cet égard; et, en fait, les règles qu'elle a voulu établir sur ce point n'ont jamais obligé personne.

35e SUJET.

Origène soupirait avec ardeur après la gloire du martyre que tant de héros chrétiens ont obtenue. A peine sorti de l'enfance, il suivait tous les chrétiens que les magistrats païens faisaient arrêter. Il les accompagnait jusqu'à l'assemblée des juges, qui n'était pas redoutée (*ou* n'étaient pas redoutés) de lui. Il entrait, malgré les gardes, dans les cachots où l'on jetait ces innocentes victimes; il faisait, en un mot, tout ce qui dépendait de lui pour être chargé des mêmes fers et pour partager leurs tourments. Mais, soit que les persécuteurs ne fussent plus si sévères et qu'ils pardonnassent à la faiblesse de son âge qu'ils avait connu (*ou* connue) par leurs émissaires; soit plutôt que la Providence le réservât à des travaux plus utiles à la religion, qu'on a toujours honorée (*ou* honorés) depuis, il n'eut que le mérite de son généreux héroïsme. Léonide, son père, qui fut depuis évêque, ayant été mis en prison avec les autres fidèles, et devant subir le lendemain son interrogatoire, Origène, plus animé que jamais, résolut de s'y trouver. Mais, pendant la nuit, sa mère, profitant de son sommeil, entra doucement dans la chambre de son fils, qu'elle avait souvent visitée (*ou* visité), et lui enleva tous ses vêtements. Se voyant donc frustré de son espérance, et ne pouvant se montrer en public, Origène écrivit à son père, pour l'exhorter à la persévérance, une lettre pleine d'éloquence et de feu qui est restée célèbre.

QUESTIONS.

1. Comment doit s'écrire *obtenue* dans la première phrase ?
2. S'il y avait *que tant de chrétiens ont redouté*, comment s'écrirait *redouté* ?
3. Comment doit s'écrire *qui n'était pas redouté de lui* ?
4. Comment doit s'écrire *connu* dans *la faiblesse de son âge qu'ils avaient connu* ?
5. Comment s'écrit *honoré* après *les travaux utiles à la religion* ?
6. Comment doit s'écrire *visité* après *la chambre de son fils* ?

---

§ 14. TEMPS COMPOSÉS PRÉCÉDÉS DU RELATIF INVARIABLE *EN*.

Le temps composé précédé de *en* prend le participe variable toutes les fois que ce mot est précédé d'un complément direct :

Vous voyez comme vous *vous en êtes* bien *trouvés*.
Nous *nous en sommes souvenus* fort à propos.
Il *vous en avait avertis*.

Cela est évident, puisque *en* ne représente jamais qu'un complément indirect, et ne détruit en rien la règle générale de l'accord avec le complément direct.

Le temps composé prend, au contraire, la forme invariable quand le mot relatif *en* n'est pas précédé du complément direct du verbe :

Que j'ai d'envie de recevoir vos lettres ! il y a déjà près d'une demi-heure que je n'*en ai reçu*.
On lui a apporté plus de livres qu'il n'*en avait demandé*.

Pour bien comprendre cette règle, il faut se rappeler que *en* signifie *de cela, de cette chose, de ces choses*, le *de* y conservant toujours son sens de préposition, et n'étant pas pris dans le sens partitif; *en* est donc toujours un complément indirect, et ne peut jamais faire prendre la forme variable au temps composé.

36e SUJET.

Un homme, ne pouvant obtenir de son rapporteur qu'il l'expédiât, s'avisa de lui dire que son procès le regardait autant que lui-même. « Comment? dit le rapporteur. Ai-je quelque intérêt à votre procès? — Plus que moi-même, ajouta le client; car il ne s'agit pour moi que de mon intérêt, et pour vous de votre conscience. » Cette réflexion frappa le juge, qui, peu de jours après, termina cette affaire.

QUESTIONS.

1. Comment et pourquoi faut-il écrire *il n'en a rien obtenu, les secours qu'il en a obtenus?*
2. Comment écrira-t-on *il s'en est avisé, elle s'en est avisée, ils s'en sont avisés, elles s'en sont avisées?*
3. Comment et pourquoi écrirait-on : *Ai-je eu quelques profits dans votre procès? — Plus que je n'en ai eu moi-même.*
4. Comment et pourquoi écrirait-on : *Ces bâtons, vous en avez frappé vos adversaires; ces raisons, vos juges en ont été frappés?*

37e SUJET.

Formez avec les temps composés des verbes du sujet suivant des phrases où ces temps, précédés de *en*, exigent alternativement la forme invariable et le participe variable.

Les commencements du règne de Dagobert Ier le firent, en quelque sorte, adorer de son peuple, qu'il délivra de l'oppression des grands; mais bientôt il cessa d'être l'objet de son amour. Il le surchargea d'impôts pour satisfaire son insatiable avidité. Il se fit craindre de ses sujets, rechercher de ses voisins; mais il n'était pas doué de cette valeur active qui, jusqu'à lui, semblait héréditaire dans la famille de Clovis. Il fit peu la guerre par lui-même, beaucoup par ses lieutenants. Magnifique en tout, très-aumônier, même au milieu de ses désordres, il fut surtout libéral envers les églises et les monastères; et c'est ce qui lui a mérité les éloges des moines de son temps, qu'il avait comblés de bienfaits. Le plus beau monument de son administration est la collection des lois des différentes nations soumises à son empire. Dans le recueil qui nous en reste, celles des Français sont comprises sous le titre de *Loi salique* ou *Loi ripuaire*.

§ 15. TEMPS COMPOSÉS DES VERBES IMPERSONNELS.

Les verbes impersonnels ou pris impersonnellement ne reçoivent jamais la forme variable à leurs temps composés. Là, en effet, l'on ne voit aucune marque d'accord, même quand le complément est placé devant le verbe. On écrit :

> Quelle chaleur il a *fait* tout le jour !
> Quelles sommes n'a pas *coûté* cet édifice !
> Que de travaux il a *fallu* pour l'achever !
> Mais que d'années il a *duré* !

Cette exception n'est qu'apparente : c'est, en réalité, la confirmation de la règle ; car nos verbes impersonnels, ou même nos verbes complets pris impersonnellement, n'ont pas, à vrai dire, de participe passif ; on peut s'en assurer en essayant de joindre ces mots au verbe *être*, comme s'y joignent tous les participes passifs. Qui pourrait dire qu'une somme est *coûtée* ? que des travaux sont *fallus* ? que des années sont *durées* ? Puis, donc, que ces participes passifs n'existent pas en français, il n'est pas possible de les substituer à la forme invariable. C'est donc celle-ci qui doit rester et qui reste, en effet, dans notre manière d'écrire.

Il est clair qu'on a dû appliquer la même règle aux verbes pris impersonnellement et que c'est pour cela qu'on écrit :

Les chaleurs *qu'il a fait*;
Les fièvres *qu'il y a eu*.

Tandis qu'on écrirait en parlant d'un homme :

Les ouvrages *qu'il a faits*.

Et s'il avait été malade dans un pays mal sain :

Les fièvres *qu'il y a eues*.

38ᵉ SUJET.

Les officiers de saint François de Salles gagnèrent un grand procès contre plusieurs gentilshommes de son diocèse. Il avait consenti à ce procès, parce qu'il s'agissait des droits de son église, qu'il ne lui était pas permis d'abandonner. Son économe lui proposa d'en exiger les dépens à la rigueur. « Dieu me garde, répondit-il, d'en user ainsi envers qui que ce soit, mais particulièrement envers mes diocésains, que j'ai toujours regardés comme mes enfants. » L'économe insista en lui représentant que ces dépens montaient à une grosse somme, dont il avait besoin pour se dédommager des peines que lui avait coûté cette affaire. « Eh! comptez-vous pour un petit gain, repartit le saint, de regagner des cœurs que ce procès a peut-être rendus mes ennemis? Pour moi, je le compte pour tout. » A l'heure même, il envoya chercher ces gentilshommes, qui ne furent pas peu surpris lorsque, par une générosité à laquelle ils ne s'étaient nullement attendus, le charitable prélat leur remit les dépens qu'il eût fallu payer.

QUESTIONS.

1. Conjuguez les temps composés de l'indicatif du verbe *il s'agit* dans des phrases analogues à celle-ci : ***Les droits de son église qu'il s'agit de maintenir.***

2. Conjuguez les temps composés du conditionnel et du subjonctif du verbe impersonnel *il est permis* dans des

phrases analogues à celle-ci : *Les seuls droits qu'il lui serait permis d'abandonner.*

3. Conjuguez les temps composés de l'indicatif du verbe *coûter* dans des phrases telles que celle-ci : *Les soins que me coûte votre éducation.*

4. Conjuguez les temps composés du conditionnel et du subjonctif du verbe *falloir* dans des phrases comme celle-ci : *Les dépens qu'il faut payer.*

---

§ 16. PARTICIPES PRIS ISOLÉMENT.

Quelques participes passés placés devant leurs substantifs, sont pris absolument, c'est-à-dire qu'ils restent invariables : tels sont les participes *vu, attendu, excepté, compris, passé, supposé, hormis* (pour *hors mis*) qui se prennent invariablement.

Il fut exempté des charges publiques, *attendu* ses infirmités.
Excepté telles et telles personnes.
Tout y est entré, *hormis* mesdames....
Ouï le rapport d'un tel.
Vu les arrêts énoncés.
Passé dix heures, je ne vous attends plus.

Ces participes ne sont pas les seuls. On peut dire que dans certaines circonstances, et notamment quand on dresse des états, qu'on rédige des procès-verbaux, et qu'on y mentionne successivement plusieurs actes, tous les participes peuvent être, selon le besoin, employés de cette façon.

Leur invariabilité les a fait souvent regarder comme des prépositions. Il est plus exact de dire que ce sont les participes mêmes qui sont *pris absolument*, comme ces adjectifs, *demi, nu, sauf* [1], qui ne varient pas quand

---

[1]. Lhomond, § 15.

ils précèdent leur substantif. Ainsi on dit : *excepté elle*, pour *elle exceptée*, comme on dit : *nu-tête*, pour *tête nue* ; *vu les pièces du procès*, pour *les pièces vues* ; comme on dit : *trois demi-heures*, etc.

Les participes composés *ci-joint*, *ci-inclus*, suivent une syntaxe particulière et qui confirme la règle précédente. Quand ils suivent leur substantif, ils s'accordent toujours :

La copie *ci-jointe*.
La lettre *ci-incluse*.

Il en est de même s'ils sont construits avec lui et placés devant par simple inversion :

Vous trouverez *ci-jointe* la copie.
Je vous envoie *ci-incluse* la lettre de votre frère.

Mais si le substantif n'est pas accompagné de son article ou d'un adjectif déterminatif, comme alors il est pris dans un sens plus vague, *ci-joint*, *ci-inclus* ne se construisent pas avec lui : ils restent à la forme absolue :

Vous trouverez *ci-joint*, *ci-inclus*, copie de la lettre du préfet.

Il en est de même quand ces deux mots, commençant la phrase, semblent plutôt régir ce qui vient après eux que s'accorder avec un substantif placé après :

Ci-joint les billets que vous attendiez.
Ci-inclus les valeurs que je vous annonçais hier.

39ᵉ SUJET.

Vous trouverez ci-incluse la narration d'un fait bien honorable pour la magistrature française : Le roi Henri II ayant offert une place d'avocat général au célèbre Henri de Mesme, l'un des plus illustres magistrats de son siècle, ce grand homme prit la liberté de dire au monarque que cette place n'était point vacante. « Elle l'est, répliqua le roi, vu que je suis mécontent de celui qui la remplit. — Pardonnez-moi, sire, répondit Henri de Mesme, après avoir fait modestement l'apologie de l'accusé: j'aimerais mieux gratter la terre avec mes ongles, que d'entrer dans cette charge par une telle porte. » Le roi eut égard à sa remontrance, et bien considéré la question, laissa l'avocat général dans sa place. Celui-ci étant venu le lendemain, attendu la beauté de l'action, pour remercier son bienfaiteur, à peine Henri de Mesme put-il souffrir qu'on songeât à lui faire des remercîments pour une action qui était, disait-il, d'un devoir indispensable, et auquel, vu les exemples qu'il avait reçus de son père, il n'aurait pu manquer sans se déshonorer lui-même pour toujours.

QUESTIONS.

1. Pourquoi *incluse* est-il au féminin dans la première phrase ?

2. Comment doit s'écrire *vu* dans *vu que je suis mécontent* ?

3. Comment doit s'écrire *considéré* dans *bien considéré la question* ?

4. Comment doit s'écrire *attendu* dans *attendu la beauté de l'action* ?

5. Comment doit s'écrire *vu* dans *vu les exemples*, etc. ?

FIN.

TABLE DES MATIÈRES.

§ 1. Définition, participe présent, participe passé, 1; — 1er sujet, *ib.*; questions, 2; — 2e sujet, *ib.*; — questions, 3.

§ 2. Participe présent, règle générale, 4; — 3e sujet, 6; — questions, 7; — 4e sujet, *ib.*; — 5e sujet, *ib.*; — questions, 8.

§ 3. Participe présent avec négation, adverbe, préposition, 8; — 6e sujet, 9; — questions, 10 — 7e sujet, *ib.*; — questions, *ib.*; — 8e sujet, 11.

§ 4. Participe présent distinct de l'adjectif de même son, 11; — 9e sujet, 12; — questions, *ib.*

§ 5. Participe passé avec un nom ou avec le verbe *être*, 13; — — 10e sujet, 16; — questions, *ib.*; — 11e sujet, *ib.*; — 12e sujet, 17; — questions, *ib.*; — 13e sujet, *ib.*; — 14e sujet, 19.

§ 6. Syntaxe des temps composés avec *avoir*, 19; — 15e sujet, 20; — questions, *ib.*; — 16e sujet, 21. — 17e sujet, *ib.*; — questions, 22; — 18e sujet, 23.

§ 7. Formation des temps composés dans les verbes réfléchis, 23; — liste alphabétique des verbes réfléchis absolus, 24; — 19e sujet, 30; — 20e sujet, *ib.*

§ 8. Syntaxe des temps composés dans les verbes réfléchis, 30; — 21e sujet, 31; — questions, 32; — 22e sujet, *ib.*; — 23e sujet, 33. — 24e sujet, 34.

§ 9. Noms ou adjectifs placés après le verbe, 34; — 25e sujet, 35; — questions, *ib.*; — 26e sujet, 36; — questions, *ib.*

§ 10. Verbes placés après les temps composés, 36; — 27e sujet, 38; questions, 39; — 28e sujet, *ib.*; — questions, *ib.*; — 29e sujet, *ib.*; — questions, 40; — 30e sujet, *ib.*

§ 11. Infinitifs précédés de *à* ou *de*, 41; — 31e sujet, 42; — questions, 43; — 32e sujet, *ib.*

§ 12. Temps composés entre deux *que*, 44; — 33e sujet, 45; — questions, *ib.*; — 34e sujet, 46.

§ 13. Rapports douteux ou embarrassants, 46; — 35e sujet, 47; — questions, 48.

§ 14. Temps composés précédés du relatif invariable *en*, 48; — 36e sujet, 49; — questions, *ib.*; — 37e sujet, *ib.*
§ 15. Temps composés des verbes impersonnels, 50; — 38e sujet, 51; — questions, *ib.*
§ 16. Participes pris isolément, 52; — 39e sujet, 53; — questions, 54.

COURS RAISONNÉ
DE LANGUE FRANÇAISE
DIVISÉ EN TROIS DEGRÉS
PAR M. B. JULLIEN

Chaque volume est imprimé dans le format in-12, et se vend cartonné.

Premier degré.

ÉLÉMENTS DE LA GRAMMAIRE FRANÇAISE DE LHOMOND, revus et complétés.. 60 c.
QUESTIONS ET EXERCICES sur la Grammaire française de Lhomond, à l'usage des élèves.............................. 60 c.
LE MÊME OUVRAGE, avec les réponses, les corrigés et des dictées nouvelles, à l'usage des maîtres............ 1 fr. 50 c.
PETIT TRAITÉ DES PARTICIPES, à l'usage des élèves......... 60 c.
LE MÊME OUVRAGE, avec les réponses et les corrigés, à l'usage des maîtres.. 1 fr.

Deuxième degré.

TRAITÉ DE GRAMMAIRE FRANÇAISE........................ 1 fr. 80 c.
QUESTIONS ET EXERCICES sur le traité de grammaire française, à l'usage des élèves............................. 1 fr. 80 c.
LE MÊME OUVRAGE, avec les réponses et les corrigés, à l'usage des maîtres.. 3 fr.
PETIT TRAITÉ D'ANALYSE GRAMMATICALE, à l'usage des élèves. 50 c.
TRAITÉ COMPLET D'ANALYSE GRAMMATICALE, à l'usage des maîtres. Prix.. 1 fr. 50 c.
PETIT TRAITÉ D'ANALYSE LOGIQUE, à l'usage des élèves..... 50 c.
TRAITÉ COMPLET D'ANALYSE LOGIQUE, à l'usage des maîtres. 1 fr. 50 c.

Troisième degré.

PETIT TRAITÉ DES FIGURES ET DES FORMES DE STYLE. 1 fr. 80 c.
QUESTIONS ET EXERCICES sur le petit traité des figures et des formes de style, à l'usage des élèves............... 1 fr. 25 c.
LE MÊME OUVRAGE, avec les réponses et les corrigés, à l'usage des maîtres.. 1 fr. 80 c.
PETIT TRAITÉ DE RHÉTORIQUE ET DE LITTÉRATURE..... 2 fr. 50 c.

Ouvrages complémentaires.

VOCABULAIRE GRAMMATICAL DE LA LANGUE FRANÇAISE, dans lequel sont définis, mis en concordance et appréciés les divers termes grammaticaux employés ou proposés par les principaux grammairiens français................................ 1 fr. 80 c.
NOUVELLES DICTÉES D'ORTHOGRAPHE, ou recueil de devoirs dictés.. 1 fr. 80 c.
LE LANGAGE VICIEUX CORRIGÉ, ou liste alphabétique des fautes les plus ordinaires dans la prononciation, l'écriture et la construction des phrases...................... 1 fr. 80 c.
MANUEL DE LA CONJUGAISON DES VERBES FRANÇAIS........ 1 fr.

Paris.—Typographie Panckoucke, rue des Poitevins, 8 et 14.